빛의 일꾼과 神들의 귀환

의식상승시리즈 6

빛의 일꾼과 神들의 귀환

우데카 지음

빛의생명나무

3부. 빛의 일꾼은 지상에서 만들어진다

6부. 하늘에는 공짜가 없습니다

지구 차원상승을 시작하며

250만 년 지구 역사가
대단원의 막이 내리고 있습니다.

새하늘과 새땅을 열기 위한
가이아의 산통이 시작되었습니다.
지각판들이 움직일 것이며
화산들이 폭발할 것입니다.
문명의 종결을 앞두고
슬픔의 비가
아픔의 비가
고통의 비가
지금 내리고 있습니다.

자본주의의 심장인 미국에서 시작된
땅의 움직임은 유럽을 향하게 될 것이며
러시아를 지나 아시아 곳곳을 향할 것이며
중국을 강타하며 한반도를 향할 것입니다.

그럴 리가 없어!!!
그럴 리가 없어!!!

이럴 수는 없어!!!
이럴 수는 없어!!!

하늘을 향한 원망의 소리가 높아질 것이며
하늘을 향한 분노와 저주가 있을 것입니다.

이럴 리가 없어!!!
이럴 수는 없어!!!
그럴 수는 없어!!!

슬픔의 눈물이 강물을 이룰 것이며
흘러내린 핏물이 강물처럼 흐를 것이며
이별을 할 순간조차 허락하지 않을 것이며
모든 것들이 붕괴될 것입니다.

두려움과 공포에 질려
망연자실 인류는 길을 잃을 것입니다.

절로 모이고 성당으로 모이고
교회로 모여가 하늘에 기도를 하고
예배를 드리고 정성과 치성을 드리지만
모든 기도는
속절없이 무너질 것입니다.
그곳은 변화를 거부하는 인자들과
의식이 깨어나지 못한 인류들의
무덤이 될 것입니다.

하늘은
하늘 스스로 정한 길을 갈 것입니다.
하늘의 맨얼굴이 그대로 드러날 것이며

저항할수록
부정할수록
고집을 부릴수록
자신의 신념 안에 갇힌 사람일수록
고통의 시간은 길어지고 깊어질 것입니다.

무너지는 물질문명을 바라보며
무너지는 사회적 기반시설들을 바라보며
무너지는 종교들을 바라보며
옳다고 믿었던 모든 것들이
속절없이
부질없이
다 무너져 내릴 것입니다.

인류는 보이지 않는 세계를 찾게 될 것이며
보이지 않는 세계를 보게 될 것이며
보이지 않는 세계에
눈을 뜨게 될 것입니다.

단순한 지진이나 재해가 아닌
물질문명의 종결과
지구의 차원상승
역장의 설치와 운영이라는
큰 틀 속에서 진행하는
하늘의 계획이라는 것을
눈치채고 알아채는 인자들만이
좁은 하늘문을 열게 될 것입니다.

변화를 인정하지 않고
여전히 종교 속에서 진리를 찾는 인자들과
답을 알려줄 스승을 찾아 나서는 인자들과
무속인을 찾는 인자들과
자신이 알고 있는 세계를 고집하며
변화를 거부하는 인자들에게는
고통의 시간이 길어질 것이며
그곳에서
육신의 옷을 벗게 될 것입니다.
인류가 한 번도 경험하지 못한
자연재해를 맞이하게 될 것입니다.

알아채고 눈치채시길 바랍니다.

모든 예언서나 성경에서 말한
그때가 시작되었음을
우데카 팀장이 기록을 위해 이 글을 남깁니다.

아픔 속에
슬픔 속에
이 소식을 전합니다.

2016년 4월 청주에서
우데카

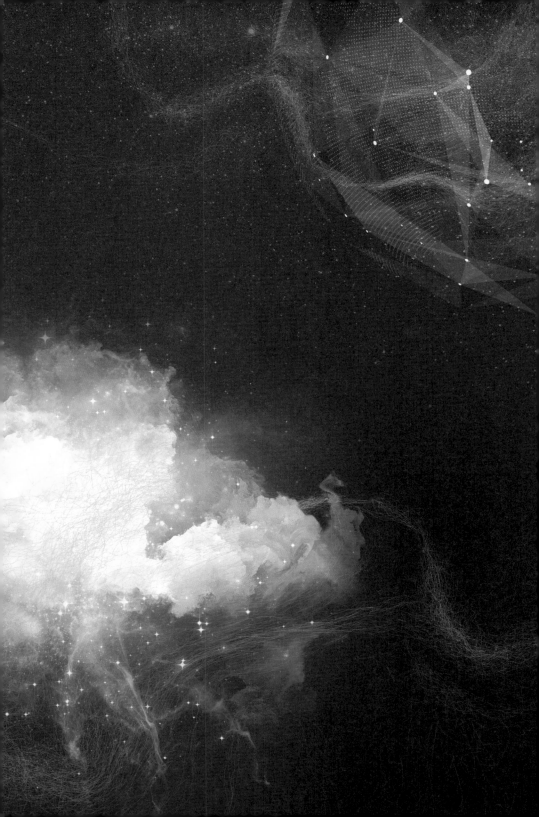

1부

우주의 차원상승

창조주께서 예수님과 함께 육신을 입고 활동하던 시기를
우주에서는 제로 포인트라고 합니다.
6주기에서 7주기로 전환되는 제로 포인트 시기를 마치고
7주기 대우주를 열기 위한 차원상승이 이루어졌습니다.
앞으로 펼쳐지는 대우주의 7번째 주기는
지구가 중심이 될 것입니다.

우주의 7번째
대주기가 시작되었음을 전합니다

대우주의 차원상승과
지구의 차원상승이 시작되었음을
대우주의 기쁨과 축제가 시작되었음을
우데카 팀장이 전합니다.

대우주의 법칙은 이렇게
아무도 모르게
아무도 모르게
깨어난 소수의 인자들로부터

네바돈 우주
P.60 대우주와 네바돈
은하 그림 참조

네바돈 우주*의 변방인 지구에서
이렇게 이렇게
아무도 모르게 아무도 모르게
하늘이 일하는 방식으로
시작되었음을 전합니다.

선천 · 후천
대우주의 전체 주기는 12주
기이고 지금은 대우주가 6
주기에서 7주기로 넘어가는
시기이며 이 중 1~6주기를
선천, 7~12주기를 후천이라
함

이것은 선천*의 하늘이 마무리되는 것이며
후천*의 하늘이 열리는 것이며
새하늘과 새땅이
이곳 한반도에서
단지파*와 아보날 그룹*들과 함께
전 세계에 있는
빛의 일꾼들과 함께
시작되었음을 전합니다.

하늘은 하늘이 일하는 방식으로
하늘은 하늘이 정한 스스로의 길을
한 치의 오차 없이
완전한 통제 속에서 지구의 차원상승과
대우주의 차원상승이 동시에 시작되었음을 전합니다.

아무도 모르게
아무도 모르게
대우주의 사랑은 시작과 끝이 하나이며
시작도 끝도 없이
가슴을 닫고
무심의 바위처럼
그물에 걸리지 않는
바람처럼 구름처럼
오늘 3·1절에 시작되었음을 전합니다.

하늘에서는 축복이요
땅에서는 정화의 시작이라
하늘의 뜻이 땅에서 펼쳐질 것이며
태풍 앞에 수많은 꽃들이 쓰러질 것이지만
태풍은 잠시 때가 되면 지나가는 것이며
지나간 것은 지나간 대로
의미가 있는 것입니다.

이제 모두
서로가 서로에게
모두가 행복한 시간이었다고

단지파
변함없이 단단한 박달나무(檀)와 같은 창조주의 순수혈통이라는 의미이며 창조주를 행정적으로 보좌하는 12지파의 수뇌부들로 구성됨. 이들은 한반도에서 환인-환웅-단군의 역사를 개척하고 지구문명에서 주요 시기마다 역사적 인물들의 역할을 맡았으며 마지막 시기에 물질문명 종결자로서의 역할이 있음

아보날 그룹
특수임무를 수행하기 위한 창조주의 직속 군인 부대. 이번 지구 물질문명의 종결과 차원상승 프로젝트에서는 역장 최고 책임자로서 지역의 치안 판사 업무와 함께 행정, 의료, 교육의 역할을 수행하게 됨

아름다운 추억이었다고
참 많이 배웠노라고
그동안 참 행복했다고
모두가 고생하셨다고
수고하셨다고
애쓰셨다고
손에 손을 잡고 가야할 길이 펼쳐질 것입니다.
하늘도 함께 할 것이며
땅도 함께 할 것이며
깨어난 인자들 또한 함께 할 것입니다.

변화의 바람이 불 것입니다.
아픔이 있을 것입니다.
일어날 일들은 일어날 것입니다.
우데카 팀장은
여러분과 함께할 것입니다.

기쁨도 슬픔도 고통도 아픔도
모두 함께 할 것입니다.

오늘은 그래서
기쁜 날이면서
슬픈 날입니다.

이 모든 순간을
우데카 팀장이 함께할 것입니다.

제로 포인트와 18차원 우주의 탄생

지구는 250만 년 전에
창조주의 특수한 영의 분화에 의해 탄생한
패밀리 그룹 중
17차원의 행성 가이아의 의식을 바탕으로
다양한 우주의 실험들이 이루어진 실험행성*입니다.

실험행성
P.44 주석 참조

지구는 우주의 6번째 주기를 마무리하고
7번째 우주의 주기를 시작하기 위해
우주의 카르마들을 지구에 모두 가져와서
해소하기 위해 준비된 행성으로
지구의 250만 년의 역사는
호모 사피엔스를 통한 인류와 하늘이 공동 창조한
우주의 대서사시였습니다.

지구에서부터 우주는
15차원에서 18차원으로 대우주의 차원상승이
준비되고 계획되었습니다.

지구 행성은 이미 250만 년 전에
15차원이 아닌 18차원으로 설계되었고
18차원이 지구에 펼쳐졌습니다.
우주에서 처음으로 18차원의 우주가 시작됨과 동시에
모든 문제점들이 검토되었고

모든 데이터들이 수집되었으며
발생할 수 있는 모든 문제점들을 점검하였으며
오류들을 수정하고 각종 변수를 제거하며
18차원의 우주가 대우주에 펼쳐졌을 때
생길 수 있는 모든 문제점들을
지구 행성에서 실험하였습니다.

우주에서 처음 있는 일이며
대우주가 15차원에서 18차원으로
차원상승을 이루기 전에 모든 것들을
지구에서 미리 경험해 보아야 하였기에
지구는 최고 차원(17차원)의 가이아 의식이
주관할 수밖에 없었습니다.

250만 년 전에 펼쳐진 18차원은
수많은 문명들의 흥망성쇠 속에서 실험되었으며
석가모니 부처님의 탄생(약 3000년 전)과
예수님의 탄생(2000년 전) 사이의
천년 동안 15차원과 18차원의 우주가 겹쳐지는
과도기를 거치면서
예수님의 탄생을 기점으로
지구에서 18차원의 우주가 완성되어 펼쳐졌습니다.
이것을 우주에서 제로(zero) 포인트라고 합니다.

2천 년 전에 15차원에서 18차원으로
지구 행성은
다음과 같은 18차원으로 변경되었습니다.

1차원	광물과 원소 정령들 (1단계 ~ 15단계로 서열화)
2차원	식물 (1단계에서 15단계 의식까지 서열화)
3차원	동물 의식구현 시스템이 설치됨 (1단계 ~ 15단계로 서열화)
4차원	호모 사피엔스가 우점종 다차원 지구(1차원부터 16차원까지 존재)
5차원	영계 (천계 : 가이아 주관) 1차 상위자아가 존재하는 곳 4차원을 관리 (1단계 ~ 15단계로 서열화)
6차원	흰빛 영혼들이 물질 여행을 하는 곳 (1단계 ~ 15단계로 서열화)
7차원	2차 상위자아가 있는 곳 천상정부가 존재하는 곳 (1단계 ~ 15단계로 서열화)
8차원	은빛과 핑크빛 영혼 일부가 물질 여행을 하는 곳 (1단계 ~ 15단계로 서열화)
9차원	3차 상위자아가 있는 곳 천상정부 고위위원회가 존재 (1단계 ~ 15단계로 서열화)
10차원	노란색 영혼들이 물질 여행을 하는 곳 (1단계 ~ 15단계로 서열화)

11차원	카르마위원회와 환생위원회가 운영되는 천상정부 최고 기관 (1단계 ~ 15단계로 서열화)
12차원	녹색빛 영혼들이 여행하는 곳 고도로 진화한 영혼들이 사는 곳 15천사님들이 머무는 곳 (1단계 ~ 15단계로 서열화)
13차원	비물질 우주를 관리하는 곳 행성을 관리하는 차원 고진재들의 행정 관리 감독 기관 (1단계 ~ 15단계로 서열화)
14차원	15 대천사님들이 존재하는 곳 지역우주에서 가장 진화한 존재들이 살고 있는 곳 (1단계 ~ 15단계로 서열화)
15차원	대천사님들을 관리하는 곳 태양(항성)을 관리하는 차원 (1단계 ~ 15단계로 서열화)
16차원	중앙우주 하보나 영의 창조가 이루어지는 차원 (1단계 ~ 18단계로 서열화)
17차원	낙원 천국 행성 가이아들 중 최고 차원이 존재 (1단계 ~ 18단계로 서열화)
18차원	파라다이스 창조주가 계시는 곳 (1단계 ~ 18단계로 서열화)

이렇게 18차원의 우주의 에너지들이
모두 지구에 들어오게 되었으며
창조주께서 예수님과 함께
3년 반 동안 워크인*으로 동행하시면서
모든 이적과 기적을 행하셨습니다.

창조주께서 예수님과 함께 육신을 입고 활동하던
이 시기를 기점으로
대우주의 모든 기준점들이
지구를 중심으로
영점(zero) 조정*이 이루어졌습니다.
이것을 우주에서는 제로(zero) 포인트라고 합니다.
앞으로 펼쳐지는 대우주의 7번째 주기는
지구가 중심이 될 것입니다.

이것이 2천 년 전 예수님의 탄생이 갖는
우주적인 의미이며
창조주의 신성한 계획이며
이제까지 지구의 인자들 중
아무도 인지할 수 없었으며
감추어져 있던 제로 포인트가 갖는
우주적인 의미입니다.
시절인연이란 이런 것이며
때가 되어 이 진실을
귀 있는 자와 눈 있는 자를 위해
우데카 팀장이 전합니다.

워크인(walk-in)

차원상승과 같은 마지막 주기에 빛의 일꾼들이 지구에 육화할 때, 250만 년의 윤회를 거치는 동안 몸에 기억된 카르마로 인한 변수를 제거하고 본연의 역할을 수행하기 위해 다른 사람(주로 젊은 영혼)의 몸(백 에너지)으로 교체하여 들어오는 것

영점 조정

저울 같은 기계장치에서 정확한 수치의 값을 얻기 위해 기준점을 맞추는 일
여기서는 15차원 우주에서 18차원의 우주로 펼치기 위한 차원 간 조절 과정을 뜻함

지구에서 250만 년 전에 계획한
대우주가 18차원의 우주로 진화하는데
필요한 모든 준비 과정이
예수님과 창조주와의 동행을 계기로
제로 포인트를 이루었으며
2000년의 테스트 기간을 마치고
마침내
모든 실험을 마치고 집행되었습니다.

2016년 3월 1일을 기점으로
대우주가 15차원에서 18차원으로
차원상승이 되어 펼쳐졌습니다.
그 후속 조치들이 지구 대기권 밖에서
분주하게 이루어지고 있으며
지구의 차원상승이 마무리됨과 함께
대우주의 세부적인 것까지
18차원으로의 세팅이 끝남과 동시에
대우주의 역사가
대장정을 시작하게 될 것입니다.

그렇게 될 것이며
그렇게 되었습니다.

대우주의 차원상승

2016년 3월 1일을 기점으로
대우주는 15차원에서 18차원으로
차원상승이 이루어졌습니다.

대우주의 차원상승은
15차원 (15단계) → 18차원 (18단계)
창조주들이 계시는 파라다이스

14차원 (15단계) → 17차원 (18단계)
지역우주 창조주들이 머무는 곳

13차원(15단계) → 16차원 (18단계)
하보나 우주로 대영 그룹들이 머무는 곳

위로부터 아래로 순차적으로
이루어지는 것이 순리입니다.

중앙우주와 하보나 우주와 파라다이스✢의
차원상승이 이루어진 후에
대우주에 존재하는 150만 개가 넘는
은하들의 차원상승이 동시적으로 이루어졌습니다.

은하들은 관리자 그룹들 중심으로

파라다이스
P. 60 대우주와 네바돈
은하 그림 참조

각 은하들의 천상정부를 중심으로
먼저 차원상승이 이루어졌습니다.
관리자 그룹❖과 상위자아 그룹들이
모여 있는 함선들의 시스템이 동시에
모두 업그레이드 되었습니다.

관리자 그룹
상위자아 그룹보다 상위 차
원에 존재하며 상위자아 그
룹들의 행정 업무를 보조하
며 관리하고 통제하는 조직.
우주 함선에 승선하여 행성
이나 항성들의 진화를 전체
적으로 관리하는 역할을 함

행성과 항성들을 관리하는
관리자 그룹들과 천상정부에 속해 있는
모든 관리 시스템들이 업그레이드 됨과 동시에
에너지체로 봉사하고 계시는
천사님들과 관리자 그룹 모두가
차원상승이 이루어졌으며
그만큼 높은 진동수를 부여받았으며
3차원 식으로 표현하면
집단 승진 혹은 집단적인 영의 진화가
이루어졌습니다.

하늘에서는
축복의 시간이었으며
축제의 시간이었습니다.

은하계에 존재하는
시스템의 업그레이드가 진행이 된 후에는
은하계에 존재하는 모든 항성(태양)들의
차원상승이 있었습니다.
태양들도 차원상승이 이루어짐에 따라
더 높은 진동수를 갖게 되었으며

의식이 높아짐에 따라
더 많은 생명들을 품을 수 있게 되었습니다.
2016년 6월 5일
전 우주의 태양들의 차원상승이
동시에 마무리되었습니다.

태양들의 차원상승이 있은 후
2016년 6월 6일을 기점으로
우주에 존재하는 차원상승 대상이 되는
행성들의 차원상승이 이루어지기 시작하였습니다.

지금 시기는 각 행성마다
차원상승이 이루어지고 있는 시기이며
대우주의 주기가 변하고 있는 시기입니다.
각 행성들의 차원상승이 마무리되는 대로
우주의 7번째 대주기가 공식적으로 시작될 것입니다.

지구의 차원상승 또한
대우주의 차원상승 주기에 맞추어
일어나고 있으며 우주적인 사건입니다.
우주의 7번째 대주기의 시작을
지구에서 시작하기 때문입니다.

대우주의 주기의 타임라인이
지구의 차원상승의 타임라인과 일치하며
그 변화의 한가운데에 있기 때문입니다.

네바돈 우주에서도
변방에 속하는
아주 작은 행성인 지구에서
대우주의 차원상승을 마무리 짓고
새로운 주기로의
대전환을 준비하고 있습니다.

모든 것은 순조롭게 진행되고 있으며
지구의 차원상승은
더워지는 날씨와 함께
태양의 변화와 함께
가이아의 게 에너지와 함께
광자의 빛과 함께
본격화될 것입니다.

여러분들의 건승을 빕니다.

대격변의 양상

- 세계 대공황 → 자본주의 붕괴
- 식량 생산의 붕괴 → 식량화폐 시대
- 대형 지진, 대홍수
- 바이러스난과 괴질
- 자기장 문명의 붕괴 → 전기 없는 세상의 도래
- 광자대(Photon Belt)영향 - 태양의 흑점주기 교란
  - 감정체의 교란
    (예 : 폭발적 분노, 부정성의 증가, 혼의식에 지배당한
    좀비(zombie)화, 정신 분열, 우울증 증가)
  - 피부질환
  - 식물의 에너지대사 증가 or 곡식 수확량 감소
  - 동물들의 이상행동(예 : 이상 번식, 인간 공격)

- **어둠의 마스터들의 활약** - 거짓 예언자와 사명자의 출현
  - 가짜 예수와 선지자들의 출현
  - 가짜 미륵과 부처들의 출현

- **4차원 흑마술 시대** - 4차원 기(氣) 차크라를 통한 대중 기만
  - 초능력자와 기인들의 출현

- **빛의 마스터들의 출현** - 1만 2천 도통 군자의 출현
  - 만인성불(萬人成佛)의 시대
  - 인(印) 맞은 자들의 출현과 활약

- **빛과 어둠의 대통합** - 빛의 일꾼 144,000명의 단일의식
  - 아보날(Avonal)의 수여
  - 미륵(彌勒)의 출현
  - 예수님의 재림과 네바돈 우주 창조주의 지구 방문
  - 4차원 영계의 정화와 폐쇄
  - 역장(力場) 설치를 통한 산 자와 죽은 자의 구분
  - 지구 4차원 문명 종결
  - 지구의 6차원 상승(새로운 지구 탄생)

우주의 차원상승이 갖는 의미

우주는 끊임없이 진화하고 팽창합니다.
지금까지의 우주는 15차원으로 이루어져 있었으며
각 차원별로 다양한 우주가 펼쳐지고 있었습니다.
대우주는 모두가 하나로 연결되어 있으면서
하나의 전체의식 속에서
함께 호흡하며 진화하고 있습니다.

우주가 진화하고 팽창한다는 것은
끊임없이 행성이 생성되고
태양계가 탄생되고
새로운 은하가 탄생되는 것을 의미합니다.
이 과정에서 우주는 수많은 영혼들의 탄생이 있으며
다양한 실험들이 이루어지고 있으며
새로운 공간을 필요로 합니다.
차원 간 에너지 차이에 따라 생기는
불편함을 해소해야 하며 그에 따른
천상정부의 조직 개편이 필요하고
각 차원별로 의식을 구현하는 시스템*이나
모나노 시스템* 등의 업그레이드 버전이
필요한 시기가 있습니다.

행성이나 항성, 은하계들도
우주의 차원상승 시기에 맞추어

의식구현 시스템

생명을 가진 존재들이 환경에 맞게 살아갈 수 있게 하기 위해 각각의 종별로 주어진 정보들이 필요 적절하게 발현될 수 있도록 하는 시스템. 환경조건이 바뀜에 따라 주기적으로 업그레이드되며, 진화된 동물일수록 이 시스템이 복잡하게 세팅되어 있음. 우주의 차원상승 시기에는 의식을 가진 모든 존재들의 의식구현 시스템이 전체적으로 업그레이드됨

모나노 시스템

하나의 소셜 네트워크망 속에서 인류 각자의 삶의 거시적 프로그램과 미시적 프로그램 모두를 서로가 충돌 없이 작동할 수 있게 세팅하고 조정하는 하늘의 정교한 프로그램.
모나노 시스템을 변경하기 위해서는 상위자아와 카르마위원회의 요청 및 동의가 필요함

많은 별들이 탄생하며 새롭게 재배치됩니다.
이 일은 아무 때나 이루어지지 않습니다.
그때가 바로 지금의 타임라인이며
이 시기를 우주의 차원상승기라고 합니다.

우주의 차원상승이란 바로
천상정부 기구의 개편과
천상정부의 집행을 돕는 소프트웨어들에
부분적인 업그레이드가 아닌
전 우주의 시스템이 동시에 업그레이드가
필요할 때가 있는데
이때를 우주의 차원상승 주기라고 합니다.

행성이나 항성들은 저마다 주기들이 있으며
은하들도 각자의 주기가 있습니다.
주기 속에 주기가 있으며
주기들마다 한 치의 오차 없이
모든 것들이 동시에 맞물려 돌아가는 것이
우주의 순리입니다.
우주의 차원상승 주기라 함은
모든 주기들을 통합하고 리셋하는 것을 동반하며
시스템들의 업그레이드가
동시에 이루어지는 시기를 말합니다.

이번 지구 행성의 차원상승 타임라인과 함께
대우주의 차원상승이 이루어지고 있으며
15차원의 우주에서 18차원의 우주로

대우주는 차원상승이 이루어졌습니다.

그에 따른 후속 조치들이 지금
지구 대기권 밖에서 이루어지고 있으며
아무것도 모르는 채
지구 행성의 주민들은
마지막 만찬의 즐거운 한때를 즐기고 있으며
의식의 깊은 잠을 자고 있을 뿐입니다.

지구 행성 역시 대우주의 역사의 흐름에
동참해야 하는 절체절명의 위기가 올 것이며
지구 물질문명이 6차원 정신문명으로의
차원상승이라는 타임라인 앞에 있습니다.

대우주에 살고 있는
모든 의식이 있는 생명체들의
의식구현 시스템이 먼저 업그레이드될 것입니다.
대우주에 펼쳐져 있는 각종 관리 시스템부터
순차적으로 업그레이드가 될 것입니다.
은하들을 관리하는 모든 시스템들이 업그레이드되고
항성들을 관리하는 시스템들의
업그레이드가 이루어질 것입니다.
그 후에
지구가 속해 있는 천상정부를 지원하는 시스템들의
업그레이드가 끝나고 나면
지구에 살고 있는
모든 의식이 있는 생명체들의

의식구현 시스템들에 대한
업그레이드가 있을 것입니다.

이것이 대우주의 차원상승이며
2016년 3월 1일을 기점으로 시작되었음을
전하는 것입니다.

이 모든 것의 시작이
지구의 차원상승과 연계되어 있기에
이곳 지구 프로젝트는
대우주의 창조주께서 직접 주관하고 있습니다.
매우 중요한 프로젝트이기에
실패할 수 없는 프로그램이며
반드시 성공할 수밖에 없는 프로그램입니다.
그것을 위해
아무도 모르게
아무도 모르게
아무도 모르게 ??
극비리에 진행되고 있으며
때가 되면 전 세계적으로
속전속결과 동시다발적으로
숨 쉴 시간조차 없이 격변들이 몰아칠 것입니다.

원시반본*이라
시작과 끝이 하나이며
시작도 끝도 없는 것이
우주의 무심한 사랑입니다.

원시반본
모든 것은 그 시작한 근본으
로 다시 돌아간다는 사상

한반도에서 시작한 호모 사피엔스의 문명이
전 세계를 돌고 돌아
물질문명의 정점에 도달해 있습니다.
새로운 차원의 정신문명과의 균형이
필요한 시기가 도래하였으며
물질문명이 정점인 서양에서부터
물질문명을 붕괴시킬 대변화들이
시작될 것이며
한반도를 중심으로 새로운 문명의 싹이
시작될 것입니다.

그때가 다가오고 있으며
그때가 무르익고 있으며
그때를 준비해야 하기에
그때를 위해 알아듣지도 못하고
눈치채지도 못하는
아무것도 모르는 인류들을 위해
깨어난 소수의 인자들과
깨어나야 하는 하늘 사람들을 위해
차원상승 대상이 되는
소수의 상승하는 영혼들을 위해
이 글을 기록으로 남겨
그때를 준비하는 것입니다.

그렇게 될 것이며
그렇게 될 것입니다.

노란빛 영혼 그룹과 차원상승

대영들의 영의 분화에 의해 탄생한 영은
창조주로부터 사고조절자를 부여받은 순간부터
영의 독립성과 개체성이 보장되어
영의 진화라는 대장정이 시작됩니다.

하강하는 영혼들은
상승하는 영혼들의 영적인 부모입니다.
빛의 일꾼이라 함은
상승하는 영혼들의 차원상승을 돕기 위해
영혼의 부모들이 육화하여
자신의 영적인 자녀들의 안내자와 봉사자 역할을
맡고 있는 그룹들을 말합니다.

영혼의 색*은 단전에 모여 있는
색을 보면 알 수 있습니다.

노란색 영혼 그룹들은
우주에서 탄생한지 오래된 영혼들로서
지구에서뿐만이 아니라
다른 우주나 다른 행성에서 진화를 거듭하다가
가이아 지구의 차원상승 주기에 맞추어
대규모로 지구에 유입되었으며
이들 영혼 그룹들은 물질 여행을 졸업하고

영혼의 색
영혼의 진화는 단전에 나타
나는 색으로 진화의 정도를
구분할 수 있음.
흰빛, 은빛, 핑크빛, 노란빛은
상승하는 영혼이며, 녹색, 청
색, 보랏빛은 하강하는 영혼
임

비물질세계로 영혼의 진화를 이루게 되는 것입니다.

물질세계·비물질세계

18차원 우주를 기준으로
11차원 이하는 물질세계이
며 12차원 이상은 비물질세
계임.
영이 물질세계를 체험하기
위해 11차원의 주관자(여호
와)로부터 혼 에너지를 부여
받아 영혼의 여행을 하게 되
며, 11차원 이상으로 진화하
면 혼 에너지와 분리되어 비
물질 세계에서 영의 여행을
시작함

물질세계*를 영혼의 세계라 말한다면
비물질세계*를 영의 세계라고 합니다.
물질 여행을 졸업하면 비물질 에너지체로서
우주의 중간 관리자로서의
봉사자의 삶이 준비되어 있습니다.

지구에 유입된 노란색 그룹 영혼들은
10차원 5단계에서 10차원 9단계입니다.
이들은 창조주께서 테라(지구) 프로젝트에
참가할 영혼들을 우주에서
모집 공고를 하여 선발되었습니다.

영혼의 진화 단계를
최고 4단계 진화할 수
있는 특권

예를 들어, 10차원 9단계의
노란색 영혼이 일반적인 영
의 진화과정을 통해 10차원
12단계까지 진화하는 데는
평균 1,140만 년이 걸림.
이 영혼이 250만 년 테라 프
로젝트에 참여하여 최고의
우수한 성적표를 받아 4단
계까지 진화한다면 890만
년이라는 시간을 단축하게
됨

250만 년의 테라 프로젝트에 참여하는
영혼 그룹들마다 영혼의 진화 단계를 최고 4단계까지
진화할 수 있는 특권*을 부여받기로
예정되어 있습니다.

노란색 영혼들을 기준으로 보면 다음과 같습니다.
10차원 5단계에 있는 노란색 영혼 그룹들이
10차원 6단계로 정상적으로 진화를 하려면
지구 시간 기준으로 보면 120만 년 정도 걸립니다.

10차원 6단계 → 10차원 7단계 150만 년

10차원 7단계 → 10차원 8단계 180만 년

10차원 8단계 → 10차원 9단계 210만 년

10차원 9단계 → 10차원 10단계 240만 년
10차원 10단계 → 10차원 11단계 270만 년
10차원 11단계 → 10차원 12단계 300만 년
10차원 12단계 → 10차원 13단계 330만 년

우주에서 영혼이 한 단계를 진화하기 위해선
상상할 수 없을 만큼 시간이 걸리는 일이며
쉽게 이룰 수 있는 것이 아닙니다.

영혼은 자신의 영혼의 나이가 있으며
영혼의 파워를 상징하는 영혼의 색이 있습니다.
'우주는 파워게임'이라는 말은
우주는 철저하게 차원별로
자신의 우주적 신분에 맞게
역할과 임무가 주어져 있다는 것입니다.
물질 여행을 통해서 진화하는 것이
가장 빠른 진화의 길이지만
영의 입장에서 보면 물질 체험은
매우 힘들고 어려운 과정입니다.

지구와 같이 물질의 매트릭스가 강하여
다른 물질 행성에 비해 난이도가 11배 이상
높은 행성은 우주에서 흔하지 않으며
그만큼 지구에서의 삶이 어렵고
힘들다는 것을 뜻합니다.
11배 이상 어려운 지구 행성에서
250만 년의 특수한 여행을 통과하면

자신의 영혼의 진화가 4단계 이상
진화할 수 있는 특권이 지구에 유입된
모든 영혼들에게 주어져 있으며
모든 식물과 동물들에게도 창조주의 약속이 있었으며
모든 생명이 있고 의식이 있는 모든 존재들에게도
창조주의 약속이 있었습니다.

이번 지구의 차원상승은 매우 특별하며
노란색 그룹이 그 대상이 되며
이 노란색 그룹들은 다시
산신그룹, 지신그룹, 해신그룹으로 나누어집니다.

노란색 그룹들의 차원상승을 돕기 위해
노란색 그룹들의 영적인 부모들이
빛의 일꾼으로 이곳 지구에 온 것입니다.

이것을 위해 우주의 군인인 아보날 그룹들이
협력자로 문명을 종결하기 위해
지구에 투입되어 있습니다.

모든 것은 때가 되었으며 이제 하늘의 맨얼굴들을
인류는 마주하게 될 것입니다.

보이지 않는 하늘이
보이는 하늘로 펼쳐질 것입니다.
기록을 위해 이 글을 남깁니다.

지구 가이아의 우주적 신분

우주에서 행성의 가이아들은
특수한 의식들이 담당하고 있는데
우주에서는 창조주 그룹들에 의해 운영되고 있습니다.

우주에 존재하는 행성과 항성들은 모두
가이아 그룹들에 의해 운영되고 있으며
이들 가이아 그룹들은
각 차원의 최고 관리자 그룹들이며
창조주들의 특수임무를 수행하기 위해
창조주들의 특수한 영의 분화 후
행성이나 항성에 배치됩니다.
배치 후에는 교체되지 않고
그 행성의 운명과 함께 합니다.

예를 들어 지구 가이아는
창조주(18차원 18단계)의 특수 영의 분화이며
17차원 에너지로 지구 외에도
대우주에 8개의 행성을 맡아
관리하고 있습니다.
17차원의 가이아 행성 의식을 가지고 있는
행성이나 항성들은 대우주에
200만 개 이상이나 분포하고 있습니다.

18차원에 존재하는 6그룹의 가이아 의식들의 분류는
다음과 같습니다.

18차원 18단계 - 창조주 패밀리 그룹

18차원 17단계 - 무한영 패밀리 그룹

18차원 16단계 - 우주아버지 패밀리 그룹

18차원 15단계 - 오메가 패밀리 그룹

18차원 14단계 - 영원어머니 패밀리 그룹

18차원 13단계 - 은하 무한 관리자 패밀리 그룹

대우주에 존재하는 모든 행성과 항성들의
가이아 의식들은 이 여섯 그룹이 주관하며
가이아 의식들의 성격에 따라
행성 문명의 특성이 결정됩니다.

18차원의 우주에서는
행성 가이아들의 의식이 최소 13차원은 돼야
4차원 물질학교를 개설할 수 있으며
가이아 의식이 11차원 이하인 행성은
복잡하지 않으며
단일종이나 단일 차원의 의식들이
영혼의 여행을 하는 행성으로 존재합니다.
행성 가이아의 의식이 높은 행성일수록
4차원 우주학교가 개설될 때
다양한 우주의 문화나 문명을 이식할 수 있으며
다차원 행성이 될 수 있는 것입니다.

창조주들의 분신인 행성 가이아들은
한 분씩 분화가 되는 특성이 있습니다.
행성의 가이아들은 패밀리 그룹(지구 기준 15차원,
13차원, 11차원, 9차원, 7차원 , 5차원)을 이루어 행성을
관리하고 있으며
이들은 각 차원의 최고 책임자들이 되며
이들은 다시 빛(양)과 어둠(음)으로 분화하여
그 역할을 분담하여 관리하고 있습니다.

이들은 각자의 자리에서
행성의 가이아들로 역할을 하면서
아바타를 통해 4차원에 관여하고 있습니다.
행성 가이아들이 그 행성에 관여하고 있는
최고 수준의 창조주의 에너지를 가지고 있는
우주 최고 수준의 특수 신분입니다.

가이아 지구는 창조주(18차원 18단계)의 특수한
영의 분화에 의해 탄생하였으며 17차원의 의식으로
지구를 250만 년 동안 관리하였으며
이런 이유로 지구에는 우주에 존재하는
1차원에서 17차원의 에너지들이 모두
이식되었으며 다양하고 역동적인
물질문명이 펼쳐질 수 있었습니다.
이것이 지구가 우주에서 실험행성이라고
불리는 이유입니다.

250만 년 전에 행성 지구는

15차원에서 18차원으로 차원상승이
준비되고 계획된 행성이었기에
창조주 패밀리 그룹이
직접 관리해 온 우주 최고의 행성이며
우주의 모든 차원들이 모여 있는
우주 최고의 다차원 행성입니다.

크라이스트 마이클이
육신의 옷을 입고 예수로 태어났으며
우주의 최고 책임자인 창조주께서
예수님의 몸에 워크인으로 들어와 3년 반 동안
땅위를 걸으셨음을
우데카 팀장이 밝혀 드립니다.

이렇게 이렇게 해서
창조주께서 2천 년 전에 예수님과
워크인으로 3년 반 정도 동행하시면서
수많은 이적과 기적을 행하셨습니다.

이렇게 지구는 창조주께서 직접 육신의 옷을
입고 땅위를 걸었던 행성이었기에
지구의 차원상승을 앞둔 이 시기에
아보날의 수여♦가 집행될 예정입니다.

지금 지구에는
지구 인류들이 상상할 수 없는 일들이
물밑에서 활발하게 진행되고 있습니다.

아보날의 수여
빛의 일꾼 중 아보날 그룹이
역장의 총 책임자와 역장 관
리자로 하늘로부터 임명되
는 것

아무도 모르게
아무도 모르게
아무도 모르게
하늘은
하늘이 일하는 방식에 의해
하늘의 길을 가고 있을 뿐입니다.

행성의 차원상승이 이루어질 때는
바로 위의 관리 차원의 주관자들이
(13차원 행성의 차원상승은 15차원에서 주관)
행성의 차원상승을 주관하게 됩니다.
17차원의 가이아 의식이 주관하고 있는
행성의 차원상승이 이루어질 때는
한 단계 높은 차원의 창조주께서 직접 주관하는 것이
우주의 법칙입니다.

지구 행성의 차원상승 프로그램에
대우주의 모든 의식들의 관심이 쏠려 있으며
대우주의 7번째 주기가
이곳 지구에서 시작되는 것이기에
너무나도 귀하고 귀한 곳이
가이아 지구가 갖고 있는 의미입니다.

차원상승의 우주적 원리 :
차원상승의 주관자

행성들과 항성들은

우주의 대주기와 소주기들에 맞추어

은하의 밤*을 통과하게 되며

은하의 밤이 종결되는 소주기 중에서도

또 작은 소주기들을 가지고 있습니다.

행성의 차원상승이란

3차원 물질학교가 개설되어 있는

13차원 이상의 행성과

우주학교가 개설되어 있지 않은

행성으로 나누어 진행됩니다.

우주학교(물질학교)가 설치되어 있는

행성은 13차원 15차원 17차원으로

가이아 의식을 가지고 있습니다.

13차원의 행성이 은하의 밤을 마치고

차원상승이 이루어질 때는

15차원의 최고 관리 책임자가

차원상승의 주관자가 되며

13차원의 행성 가이아가 그 행성의 로고스*가 되어

백 에너지*를 주관하며, 영계를 주관하게 됩니다.

15차원의 행성이 차원상승을 할 때에는

은하의 밤

행성의 역사에서 낮은 의식 상태로 두려움과 공포가 지배하고 자신이 빛임을 망각하는 영적인 암흑기를 말하며 어둠의 시기이자 고난의 시기.
생명과 의식을 가진 모든 존재들에게 주어지는 성장을 위한 축복의 시간이기도 함

행성 로고스

로고스(logos)란 철학에서 만물을 구성하는 질서와 원리라는 의미로 쓰임.
행성의 로고스란 행성을 구성하는 행성 자체의 개체성을 가진 의식, 행성의 주인이라는 의미

백 에너지

영혼이 4차원 물질행성 지구에서 여행하기 위해 반드시 입어야 하는 옷이며, 행성의 가이아로부터 부여 받는 몸을 구성하고 통제하는 에너지.
죽을 때 육신은 땅으로 흩어져 원소로 환원되며 백 에너지는 행성의 가이아에게 돌려주게 됨

15차원의 관리 책임자가
그 행성의 가이아이며 행성 로고스이고
17차원의 관리 책임자가 차원상승을
주관하는 총 책임자가 되는 것입니다.
18차원의 창조주는 자신의 에너지를 가진
행성 가이아의 차원상승이 있을 경우
총감독관으로서의 지위를 가지고 있습니다.

18차원의 창조주께서
차원상승을 주관하는 경우는 매우 드문 일인데
그 이유는 우주에서 17차원의 행성이
우주학교를 문닫고 차원상승이 있을 경우에 한해서만
가능하기 때문입니다.

17차원의 행성 가이아들의 차원상승이 있을 때
18차원 창조주들은
자신의 에너지를 가지고 있는 행성에서
차원상승이 예정되어 있는 경우
육화를 통해 지휘하는 것이 우주의 법칙입니다.

지구는 17차원의 창조주(18차원 18단계의 분화)의
행성 가이아 의식이 주관하는 행성입니다.
지구 행성의 로고스는 석가모니 부처님이며
석가모니 부처님이 지구 행성의 가이아 의식을
주관하고 있습니다.

지구는 18차원 18단계의

창조주 직계 패밀리 그룹이 주관하는 행성이므로
18차원 18단계의 대우주의 주관자인 창조주께서
차원상승을 주관하는 것이 우주의 법칙입니다.

13차원의 화성은 파충류들의 행성이며
오메가(어둠)의 행성 가이아 의식입니다.
화성에는 파충류들을 위한 물질학교인
우주학교가 개설되어 있으므로
화성이 차원상승이 될 경우에는
15차원의 관리자 그룹이 차원상승을 주관하며
18차원의 15단계인 창조주(오메가)께서
차원상승의 감독관이 되는 것이 우주의 법칙입니다.

지구는 17차원의 창조주 직계 패밀리 그룹에 의해
운영되어 왔으며 석가모니 부처님이
지구 행성의 가이아이며 행성의 로고스이며
지구 행성의 왕자이며 최고 책임자입니다.
석가모니 부처님은
창조주(18차원 18단계)께서 직접 분화하신
분신입니다.

지구는 우주의 6번째 대주기를 마무리하고
7번째 대우주를 열기 위해 250만 년 전부터 준비된
실험행성*이자 종자행성*입니다.
대우주의 주재자이신 창조주(18차원 18단계)께서
직접 지구의 차원상승을 위해 육신을 입고 육화하여
모든 것을 지휘하실 예정입니다.

실험행성 · 종자행성
지구는 대우주의 6번째 주기 동안 발생한 수많은 문제점들과 다양한 카르마들을 한곳에 모아 놓고 카르마 해소와 문제 해결을 위한 다양한 실험을 한 실험행성이며, 이 실험을 통해 새로운 7주기 대우주에서 지구와 같은 물질행성들에 다양하게 펼쳐지기 위한 모델(model)이 되는 종자행성으로서 아주 특별한 행성임

대우주의 주관자인 창조주께서
주관하시는 지구 물질문명의 종결과 차원상승은
대우주에서 흔하게 볼 수 없는 일이며
창조주께서 심혈을 기울여 추진하시는
7번째 대우주를 열기 위해
가장 낮은 곳으로 오신 것입니다.

우주학교를 개설하지 못한 13차원 아래의 행성들은
우주의 대주기에 맞추어 차원상승이 이루어지며
태양들도 우주의 대주기에 맞추어
동시적으로 차원상승이 이루어지게 됩니다.

대우주의 주기가
지구 시간으로 2016년 3월 1일을 기점으로
15차원에서 18차원으로 차원상승을 이루었으며
이때에 모든 행성과 항성들의
차원상승이 전 우주적으로 이루어졌습니다.

지구의 물질문명의 종결과 지구의 차원상승이
대우주의 주관자이신 창조주께서
직접 주관하는 행사임을 우데카 팀장이
아무도 모르게 아무도 모르게
소수의 귀 있는 인자들과
소수의 눈뜬 인자들에게
그날이 시작되었음을
인류에게 전합니다.

대우주의 차원상승

2016년 3월 1일을 기점으로 대우주는 15차원(6주기)에서 18차원(7주기)으로 차원상승이 되었습니다.
선천(1~6주기)의 하늘이 마무리되고 후천(7~12주기)의 하늘이 열리는 것입니다.
지구는 6주기 우주에서 발생한 모든 문제점 해결 및 카르마 해소, 그리고 18차원 우주를 실험하기 위해
창조주에 의해 계획되고 준비된 행성이며, 250만 년 동안 호모 사피엔스를 중심으로 진행한
모든 실험들을 마치고 7번째 대우주가 펼쳐진 것입니다.

6주기 대우주의 구조(선천)

중앙우주	비물질세계	무극	파라다이스(창조주) — 15차원
			하보나 우주 — 14차원
			중앙우주(12주영) — 13차원
		태극	12대천사 그룹 — 12차원
			11차원
			12천사 그룹 — 10차원
지역우주	물질세계	삼태극	카르마 · 환생위원회 — 9차원
			천상정부 고위위원회 — 8차원
			7차원
			천상정부 — 6차원
			5차원
			영계 — 4차원
			인간 — 3차원
			식물, 동물 — 2차원
			광물, 원소, 정령 — 1차원

7주기 대우주의 구조(후천)

차원	설명	상위자아	
18차원	파라다이스(창조주)		중앙우주 / 비물질 세계
17차원	하보나우주		
16차원	중앙우주(15주영) / 은하의 행정을 집행하는 집행부		
15차원	지역 우주 창조주들이 머무는 곳 / 지역 우주 관리자들의 최고의 행정부		
14차원	15대천사 그룹 / 지역 우주에서 가장 진화한 존재들이 머무는 곳		
13차원	비물질 우주를 관리하는 곳 / 고진재들의 행정 감독 기관		
12차원	15천사 그룹/녹색빛 영혼(고진재)들이 여행을 하는 곳		
11차원	카르마 · 환생 위원회	4차 상위자아가 있는 곳	지역우주 / 물질 세계
10차원	노란빛 영혼들이 물질 여행을 하는 곳		
9차원	천상정부 고위위원회	3차 상위자아가 있는 곳	
8차원	은빛 · 핑크빛 영혼들이 물질 여행을 하는 곳		
7차원	천상정부	2차 상위자아가 있는 곳	
6차원	흰빛 영혼들이 물질 여행을 하는 곳		
5차원	영계	1차 상위자아가 있는 곳	
4차원	인간		
3차원	동물		
2차원	식물		
1차원	광물, 원소, 정령		

2부

푸른행성 지구의 대격변

먹구름이 몰려오고 있습니다.
심장이 터질 것만 같은
공포가 밀려오고 있습니다.
신발 한 짝 신을 시간조차 없는
긴박한 이별의 시간이 오고 있습니다.

바람의 소리를 전합니다 :
지축의 정립

나는 바람입니다.
나는 변화를 알리는 바람입니다.
나는 의식의 깊은 잠을 자고 있는 인류들에게
변화가 시작되었음을 알리는 바람입니다.

비바람이 몰아치기 전
폭풍우가 몰아치기 전
고요한 적막을 뚫고
한줄기 빛으로 한줄기 희망으로
하늘 위로 솟아오르는
파랑새의 간절한 몸짓으로
변화의 때가 시작되었음을 알리는 바람입니다.

먹구름이 몰려오고 있습니다.
심장이 터질 것만 같은 공포가 밀려오고 있습니다.
신발 한 짝 신을 시간조차 없는
긴박한 이별의 시간이 오고 있습니다.
가슴이 얼어붙는 시대가 오고 있습니다.
광기의 시대가 오고 있습니다.
슬픔과 고통의 시대가
쓰나미처럼 오고 있음을 알리는
나는 하늘의 전령입니다.

하늘은 가슴을 닫고
하늘의 좁은문만을 열어 놓은 채
대변화를 시작할 것입니다.
하늘이 요동칠 것이며
땅이 갈라질 것이며
바다가 태산처럼 일어날 것이라고
인류가 한 번도 경험하지 못한
대자연의 격변이 지축의 변화와 함께
보이지 않는 세계에서는 이미 시작되었음을
나 바람의 여왕이
우데카 팀장님을 통하여 전합니다.

하늘을 원망하고
하늘을 비난하는 소리들이
통곡소리보다 더 높아질 것입니다.
하늘을 향해 울부짖고
하늘을 향해 절규하는
분노의 기도 소리가 멈추지 않을 것입니다.
이런 하늘은 필요 없다고
이런 하늘은 하늘이 아니라고
이런 하늘은 내가 믿고 있는
하늘이 아니라고
하늘이 우리를 외면하고 있다고
하늘이 우리를 속였다고
하늘이 우리를 배신했다고
하늘이 우리를 버렸다고
하늘이 우리를 심판하고 있다고 울부짖는

절망과 공포의 시대가 오고 있다고
나는 모든 것을 알고 있는 바람입니다

자신의 믿음 속에 있는 하늘을 향해
자신의 신념 속에 있는 하늘을 향해
자신의 경험 속에 있는 하늘을 향해
각자의 눈높이에 맞는
자신의 하늘을 향해 인류는 통곡할 것입니다.

하늘이 그럴 리가 없다고
하늘이 그럴 수는 없다고

하늘이 이럴 리는 없어
하늘이 이럴 리는 없다고

하늘이 이럴 수는 없어
하늘이 이럴 수는 없다고

하늘의 맨얼굴들을
하늘의 실체를
인류들은 각자의 의식 수준에서
체험을 통해 교정해야 하는
피눈물 나는 인고의 세월이 시작되었음을 전합니다.
아픈 세월이 시작되었음을 전합니다.

나는 바람입니다.
모든 것을 내려놓지 못해 저항하고 소리 지르고

짐승처럼 울부짖으며
하늘을 향해 기도하는 인류들을
가슴을 닫고 지켜볼 수밖에 없는 바람입니다.

모든 것을 잃고 모든 가면을 벗어 놓고
모든 가식을 내려놓고 모든 옷을 벗고
훌훌 길 떠나는 당신의 모습을
먼발치에서 지켜볼 수밖에 없는 바람입니다.

그동안 수고했다고 그동안 고생했다고
서로가 서로에게 때로는 가해자였으며
서로가 서로에게 때로는 피해자였으며
서로가 서로에게 좋은 친구였다고
서로가 서로에게 좋은 애인이었다고
서로가 서로에게 좋은 인연이었다고
하늘에서는
250만 년 동안 함께한 모든 영혼들 사이에
이별을 아쉬워하고
서로가 서로에게 감사와 고마움을 전하는
위로의 잔치(백중 잔치*)가 있었음을...
하늘의 소리를 땅에 전하는 나는
하늘의 전령입니다.

서로가 가는 행성은 달라도
서로가 가는 은하는 달라도
당신이 온 곳으로
당신은 가야 할 곳으로

백중 잔치
250만 년 간 지구에서 함께
한 모든 영혼들이 문명 종결
을 앞두고, 2016년 8월 17
일(음력 7월 15일)에 서로에
게 감사했다는 잔치가 보이
지 않는 세계에서 있었음을
백중날 빛의 생명나무 채널
러를 통해 전달받음

당신은 있어야 할 곳에 있게 될 것입니다.
당신들은 각자의 영혼의 길을 떠나야 되는
우주의 여행자들임을 알려 드립니다.
이별의 때가 시작되었음을
나 바람의 여왕이
우데카 팀장님을 통하여
우주의 소식을 전합니다.

아픔의 시절이 지나고 나면
참 많은 이별들을 겪고 난 뒤에야
뼛속까지 파고드는
추위와 배고픔을 견디고 난 뒤에야
사랑하는 이들을 잃은
슬픔과 고통의 상처에
새살이 돋아날 때쯤에야
이 글을 읽고 있는 당신이
새하늘과 새땅의 주인임을 알리는
하늘의 전령입니다.

간절한 소망을 담아
절망하고 망연자실해 있는
당신의 가슴속으로
두려움에 떨고 있는 당신의 가슴속으로
외로움과 공포가 가득한
인류들의 가슴속으로
당신의 따뜻한 심장을 향해
대우주의 사랑과 자비와 연민을 전하는

우주의 사랑을 전하는
나는 사랑의 전령입니다.

나는 바람입니다.
빛과 어둠의 치열한
영적전쟁이 시작되었음을 알립니다.
모든 것이 정화되고
모든 것이 치유되고
모든 것이 바로 서고
모든 것이 조율되는
교정 시간이 시작되었음을 전합니다.
대우주의 진리가 펼쳐지고 있음을 전합니다.

그때가 시작되었다고
그때가 지금이라고
아픔의 시대가 지나고 나면
모든 순간들이
우주의 축제 시간이었음을
인류들은 알게 될 것입니다.

여러분들의 건승을 빕니다.

은하의 밤과 광자대

처음과 끝이 하나이며
시작이 있으면
끝이 있는 법입니다.

네바돈 우주

사타니아 항성계

P. 60 대우주와 네바돈
은하 그림 참조

사타니아 항성계✦ 606번째 행성 지구 가이아는
북두칠성✦을 중심으로
창조주의 빛(숨결)에 의해 창조되었습니다.

북두칠성
플레이아데스 항성계에 속
한 북극성 주변의 7개의 별.
창조주의 빛이 네바돈 우주
로 들어오는 빛의 통로(스타
게이트)

이 빛은
파라다이스✦를 떠난 18차원의 창조주 빛(음)은
만물을 생성하고 창조하는 빛이며
생명과 의식을 가진 모든 존재들에게
성장을 위한 축복의 시간이 주어지는데
이것을 우주에서는 **은하의 밤**이라고 합니다.

파라다이스
대우주의 주관자인 창조주
가 계시는 18차원의 우주

행성의 주기마다
항성의 주기마다
은하의 주기마다
성장하고 배우는 축제의 시기는 다르지만
은하의 밤이 있다면
행성의 문명을 종결하고
새로운 문명으로의 전환을 위한
우주의 프로그램이 존재합니다.

이 우주의 프로그램을 **광자대**라고 말하며
문명을 종결짓는 빛이라고 합니다.
광자대의 빛은 파라다이스를 떠난
18차원의 창조주의 빛(양)이며
숙강지기*를 가진 빛입니다.

창조주의 빛은
음적인 측면과 양적인 측면으로 분류됩니다.
만물을 낳고 기르며 생명에게 숨결을 주며
만물이 생장하며 성장하도록 하는 빛으로
창조의 빛은 음으로 상징되는
사랑의 빛입니다.
대우주를 운영하는 빛이며
대우주가 순행할 수 있도록
모든 곳에 존재하는 빛을
창조의 빛
생명의 빛
사랑과 자비와 연민의 빛이라 합니다.

광자대로 알려진
창조주가 계시는 18차원의
파라다이스에서 오는 이 빛은
심판의 빛이며
숙강지기의 빛이며
금화교역*을 촉진하는 빛이며
문명을 종결하는 빛이며
자연 변화의 원인이 되는 빛이며

알곡과 쭉정이를 분류하는 빛이며
열매를 익게 하는 빛이며
모든 재앙을 일으키는 빛이며
새로운 시작을 위해
모든 것을 갈아엎는 빛인 것입니다.

신은 빛으로 심판한다는 말이 갖는 의미이며
모든 만물에게 공평무사하게 진행하는 빛입니다.

행성마다 주기가 있고
항성마다 주기가 있으며
은하마다 주기가 있는데
주기가 마무리될 때마다
차원상승이 있을 때 창조주께서 직접 주관하시는
심판의 빛이 들어오게 되는 것입니다.
이 빛이 지구에서는 광자대라 알려져 있으며
이 빛의 강도가 변화의 임계점에
다다르고 있습니다.

지구 행성의 모든 변화를 주도할 것이며
인류가 한 번도 겪어 보지 못한
영적인 아마겟돈과 말법의 시대가
이미 광자대에 의해 시작되었습니다.
인류가 눈치채고 알아채는데
그리 긴 시간이 남지 않았으며
아무도 통제할 수 없는
야단법석과 이판사판의 시대가 올 것입니다.

많은 아픔들이 있을 것이며
많은 고통들이 있을 것이며
많은 이별들이 있을 것이며
많은 후회들이 있을 것이며
많은 분노와 절규들이 있을 것이며
망연자실한 채
하늘을 향해 분노의 외침들이 있을 것입니다.

하늘은 하늘이 정한 길을 갈 뿐입니다.
인류의 눈높이로 진행하지 않을 것이며
하늘이 일하는 방식을 이해하는 인자들만이
좁은 하늘문을 통과하게 될 것입니다.

하늘이 가는 길은
9시 뉴스에는 없으며
깨어난 의식만이
스스로를 구할 것입니다.

보이지 않는 세계가
보이는 세계를 통제할 것입니다.
감추어지고 숨겨졌던
하늘의 맨얼굴이 드러날 것이며
우주의 진리가 땅에 펼쳐질 것입니다.

그때를 위해
이 글을 기록으로 남깁니다.

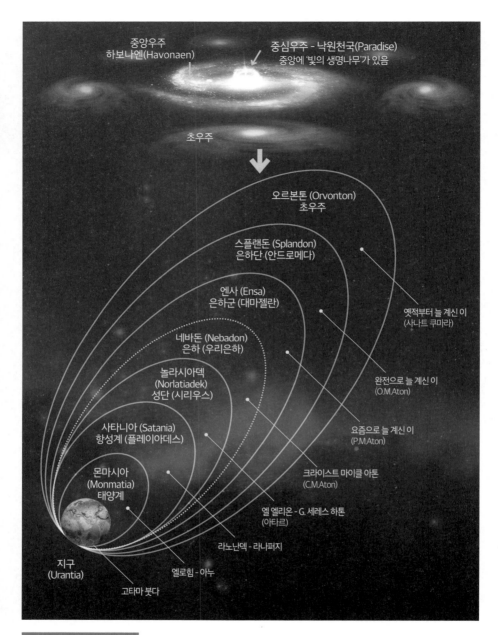

중앙우주
하보나엔(Havonaen)

중심우주 - 낙원천국(Paradise)
중앙에 '빛의 생명나무'가 있음

초우주

오르본톤 (Orvonton)
초우주

스플랜돈 (Splandon)
은하단 (안드로메다)

엔사 (Ensa)
은하군 (대마젤란)

네바돈 (Nebadon)
은하 (우리은하)

놀라시아덱
(Norlatiadek)
성단 (시리우스)

사타니아 (Satania)
항성계 (플레이아데스)

몬마시아
(Monmatia)
태양계

지구
(Urantia)

고타마 붓다

엘로힘 - 아누

라노난덱 - 라나퍼지

엘 엘리온 - G. 세레스 하톤
(아타르)

크라이스트 마이클 아톤
(C.M.Aton)

요즘으로 늘 계신 이
(P.M.Aton)

완전으로 늘 계신 이
(O.M.Aton)

옛적부터 늘 계신 이
(사나트 쿠마라)

대우주와 네바돈 은하

대우주는 파라다이스(18차원), 낙원천국(17차원), 하보나(16차원)가 있는 중앙우주와 그 외곽에 있는
12개의 지역우주로 구분됩니다. 지구는 12개의 초우주 중 7번째인 오르본톤 초우주에 속하며,
네바돈 은하 사타니아(플레이아데스) 항성계 606번째 행성입니다.

지구 변화의 원인
가이아의 게 에너지와 광자 에너지

게Ge 에너지는
빛이며 파동이며 진동수이며 에너지입니다.
가이아의 게 에너지는
생명의 에너지이며
모든 생명을 유지할 수 있게 하는
에너지이며 창조주의 빛입니다.

생명의 변화를 움직이는 거대한 에너지이며
지구 250만 년의 역사가 응집되어
가이아의 핵에
게 에너지 형태로 저장되어 있습니다.
그 색은 붉은 보라색입니다.
그 빛들이 행성의 격자망을 따라 퍼지고 있습니다.

광자대는 대우주의 중심인 18차원의
창조주가 계시는 파라다이스에서 출발하여
중앙우주를 거쳐
네바돈 우주를 중계 기지로 삼아
지구로 들어오고 있는 빛으로
행성의 차원상승과 관련 있는 빛으로
신의 심판
빛의 심판으로 알려진 빛입니다.
지구 변화와 가이아의 게 에너지를

활성화시켜 주는 에너지입니다.

광자는 창조주의 빛으로 양(+)의 성격입니다.
이 빛은
숙강지기, 금화교역을 촉진시키며
광자의 빛 자체는 공평무사한 빛이지만
혼의식의 매트릭스를 통과하여 나올 때는
사랑과 파괴의 성격을 동시에 가지고 있으며
동기감응＊의 법칙에 따라
사람을 살릴 수도
사람을 죽일 수도
착한 사람을 더 착하게 하고
악한 사람을 더 악하게 하고
알곡은 알곡대로
쭉정이는 쭉정이로
열매를 맺게 하는 빛입니다.

이 우주는 창조주의 에너지 없이 한순간도
존재할 수 없으며 유지될 수도 없습니다.
가이아의 게 에너지 역시
창조주의 빛으로
생명을 탄생시키고
의식을 탄생시키고
만물을 성장시키고
모든 영혼들에게 축제인
은하의 밤을 풍성하게 하는 빛입니다.

동기감응
비슷하거나 같은 기운끼리
서로 끌어당기고 반응하는
것

가이아의 게 에너지 역시
파라다이스에서 오는 창조주의 빛 중
음(-)의 성격을 가진 에너지를 말하며
창조주의 빛인 광자의 빛(+)과 만날 때
은하의 밤을 종결짓고
인류가 두려워하는
문명을 종결하는 심판의 빛으로 작용하게 됩니다.

지구의 물리적 변화들은 모두
눈에 보이지도 않고 대중들에게 알려지지도 않은
이 두 가지 빛에 의해 이루어질 예정입니다.
가이아의 게 에너지와 광자대의 빛의 존재 모두
서양의 채널링 메시지에 등장하는 용어로
영성인들 사이에서는 많이 알려져 있는 용어입니다.

지구의 차원상승을 위해
물리적 환경의 변화를 위해
하늘에서 준비하고 계획한 빛입니다.
가이아의 게 에너지는
지구 프로젝트의 핵심이며
이 에너지가 대우주의 모든 문제를
해결할 수 있는 백신 에너지로 알려져 있으며
생명 에너지라 부릅니다.

가이아가 주관하는 게 에너지에 의해
생명의 순환이 지구에서 이루어질 수 있었습니다.
각 우주의 행성마다 행성의 게 에너지와 같은

생명 에너지가 존재합니다.
이것을 다르게 표현하면
격자 에너지라고 하며 생명장이라고도 합니다.

행성의 문을 열고 행성을 운영하는데
필요한 에너지가 게 에너지입니다.
행성의 문을 닫고 문명을 종결짓고
행성의 차원상승을 위해 필요한 에너지가 바로
창조주의 빛인 광자의 빛입니다.

지금 이 시기는 가이아의 게 에너지가
광자의 빛에 의해 급속도로 강해지고 있으며
지구 변화를 일으키기 충분한
임계점에 다가가고 있으며
하늘의 완전한 통제 속에서
변화를 위해 축적되고 있으며
인류의 몸에도 축적되고 있습니다.

가이아의 게 에너지의 축적은
생명에너지의 활성화를 촉진시키며
몸 안에 있는 차크라를 활성화시키는
효과와 함께 인류의 의식을 각성시키고
몸의 진동수를 높여주는 작용을 합니다.

광자대의 빛은
창조주가 직접 주관하는 빛으로
18차원인 대우주의 중심인

파라다이스에서 기원한 빛으로
각 행성이 은하의 밤을 마감하고
한 주기를 마무리하고
차원상승을 주도하는 빛으로
비유적으로 설명하면 숙강지기로 표현할 수 있습니다.

가이아의 게 에너지는
생명을 살리고
땅의 기운과 운동을 주관하는 것이라면
광자대의 빛은
금화교역을 이루는 빛이며
가을의 서리와도 같은 역할이 있습니다.

봄과 여름의 기운이
가이아의 게 에너지라면
가을과 겨울의 기운이 광자대의 빛입니다.
광자대의 빛을 신의 심판
빛의 심판이라고 부르는 이유가 여기에 있습니다.

광자대의 빛이
한 행성에 들어오고 있다는 것은
한 행성의 운행주기가 변화의 임계점을
맞이했다는 것을 말하는 것입니다.
행성이 새로운 주기로 들어가고 있다는
것을 말합니다.
이것을 민족종교들에서는
개벽을 촉진하는 빛이라 인지하였던 것입니다.

광자대의 빛이나
가이아의 게 에너지는 일반인들의 눈에
보이지 않으므로 크게 부각되지 못하였으며
담론적으로도 크게 활성화되지 못한
측면이 있습니다.

광자대의 빛은 창조주의 빛인 흰색입니다.
이 빛들은 빛을 보는 수준 12단계 중
최소 6단계는 되어야 볼 수 있기에
이 빛을 볼 수 있는 지구상의 인자는
그리 많지 않습니다.

가이아의 게 에너지를 지기(地氣)라고 한다면
광자대의 빛은 창조주의 빛인
천기(天氣)를 의미합니다.
하늘과 땅의 변화가 바로
이 두 가지 빛에 의해 결정되어질 것입니다.

이것이 바로
지구의 거대한 변화를 주관하는 빛이며
가아아의 게 에너지가
광자대의 빛에 의해 활성화되면서
일어나는 변화였으며
세계 곳곳에서 일어나고 있는
화산과 지진 또한 이러한 원인에 의해 발생됩니다.

광자대가 태양에 영향을 미쳐

태양의 흑점주기*의 변화를 통해
지구 변화를 가져오는 것이 약 70%
광자의 빛이 가이아의 게 에너지를
활성화시켜 오는 자연재해가 30%입니다.

바이러스 난*과 괴질의 발생은
광자에 의한 세포핵의 변화에 따라 발생하며
바이러스의 변형과정을 거쳐
인류에게 치명적인 질병으로
다가올 것입니다.

그때가 시작되었음을 전합니다.

태양의 흑점주기

태양의 흑점 활동이 왕성해졌다가 약해졌다가 하는 주기.
태양의 흑점 활동주기는 약 137개월(11년 5개월)이나 광자대의 영향으로 이 주기가 교란됨

바이러스 난

현대 의학으로 치료할 수 없는 바이러스가 창궐하여 인류가 상상할 수 없는 고통을 겪게 되고, 죽게 되는 것

지축의 정립(극이동)의 시작과 끝

지축의 정립(극이동)
23.5도 기울어져 있는 지구의 자전축과 지표면이 만나는 극점이 여러 차례에 걸쳐 이동하여 바로 서게 되는 과정

지축의 정립*을 통한
지구 차원상승이 있을 예정입니다.
인류가 한 번도 경험하지 못한
자연의 대변화는
지축의 순차적인 정립을 말합니다.
지축은 한 번에 정립이 되면 그 충격이
너무나 크기 때문에
시간 간격을 두고 여러 차례에 나누어져
이루어질 예정입니다.

지축의 정립이 일어나는 시기와
지축이 몇 차례에 걸쳐 정립되는 것인지는
아무도 모르게
아무도 모르게
하늘이 일하는 방식에 의해 집행될 것입니다.
동양과 서양의 예언서들에 공통으로
기록되어 있는
지축의 정립 프로그램이
지구 차원상승의 핵심이라는 것을
시절 인연이 있는 인자들과
깨어나고 있는 빛의 일꾼들을 위해
우데카 팀장이 이 글을 기록으로 남깁니다.

250만 년 지구 역사의 중심에는
단지파*와 한민족이 있습니다.
한반도를 중심축으로 한 지축의 정립이
하늘에 의해 준비되고 있으며
하늘이 정한 타임라인에 의해
지구 행성에 순차적으로 펼쳐질 것입니다.

단지파
P. 15 주석 참조

지축의 부분적인 정립으로 인하여
대륙판들은 갈기갈기 찢겨져 나갈 것이며
땅들은 갈라지고
바다는 산처럼 일어나
모든 것들을 삼켜버릴 것입니다.
모든 화산들이 폭발할 것이며
행성 전체가 영향권 안에 들 것입니다.
동시다발 속전속결로
지구 대변화는 진행될 것입니다.
모든 예언서에 기록된 것보다
더 참혹한 현실들이 세상에 펼쳐질 것입니다.

성경에 나와 있는
아마겟돈을 상징하는 일곱 개의 대접은
바로 지축이 순차적으로 정립되는
숫자의 비밀을 말합니다.
7이라는 숫자는
네바돈 우주에 펼쳐진
파라다이스에서 들어오는 빛의 통로
일곱 개의 스타게이트(Stargate)를 말하는 것이며

다섯 번에 걸친 지축의 정립 과정이 있을 것이며
두 번은 미세 조정을 위한 정립 과정이
있을 것입니다.
처음과 끝이 두 번에 해당되며
나머지 다섯 번에 걸쳐 큰 지축의 변화가
있을 것입니다.
지구 차원상승의 타임라인에 맞추어
펼쳐질 것입니다.

한민족이 중심이 되는
정신문명이 미래에 펼쳐질 것입니다.
지축의 정립 과정에서
한반도는 중심축이 되기 때문에
상대적으로 물질물명이 많이 보존될 것입니다.
우주의 진리 또한 한반도를 중심으로
확장되어 전 세계로 퍼져 나갈 것입니다.

역장(力場)
물질문명 종결과 차원상승
과정에 하늘에 의해 강력한
자기장 보호막으로 설치되
는 안전지대
의식의 각성 수준과 몸의 진
동수가 일정 수준 이상이어
야만 출입이 가능한 곳

역장*의 설치 또한 한반도를 중심으로
설치되고
보급되어
전 세계로 펼쳐지도록
하늘에서 준비되어 있으며
그렇게 될 예정입니다.

한반도로 전 세계의 깨어난 인자들이
모여들 것입니다.
많은 지식인들이 우주의 진리들을 배우고자

한반도로 모여들 것입니다.
이들이 세계 곳곳에 진리들을
전하게 될 것입니다.
한반도에는 많은 민족 종교들이
이때를 위해 준비되어 있습니다.
한반도를 중심으로 탄생한
기독교의 분파들이
세계로 세계로 세력을 확장한 이유 역시
이때를 위해 준비된
하늘의 치밀한 계획입니다.

한반도를 중심으로
새하늘과 새땅은 펼쳐질 것입니다.
한반도 역시 백두산의 분화가
지축의 정립 과정 마지막 부분에
일어날 것으로 예정되어 있습니다.

시절인연이 있는 인자들을 위해
깨어나는 빛의 일꾼들을 위해
이 글을 우데카 팀장이
기록으로 남깁니다.

감로비(빛의 심판)와 기상청의 오보

인간의 감정은 시시각각으로 변화합니다.
인간의 마음 역시 변화무쌍하며
예측이 불가능할 때가 많습니다.
좋을 때와 좋지 않을 때가 너무 다릅니다.
부정성이 드러날 때에는
바늘 하나 꽂을 틈도 없을 만큼
옹색한 사람이 되어 버립니다.

인간의 수시로 변하는 마음과 같이
자연의 변화 역시 변화무쌍합니다.
날씨의 변화는 살아 있는 자연의 모습입니다.
자연은 변화 속에 자신을 감추면서
자신의 모습을 확장하고 있습니다.

인간의 마음은 변화무쌍한 날씨와 같아
날씨의 변화를 두고
사람들은 만족하지 못하는 경향이 있습니다.
불평불만이 가장 많은 것이 날씨이며
가장 불평하기 좋은 대상 역시 날씨입니다.

2016년 여름은 유례가 없는 폭염이
한반도에 한 달이 넘게 지속되고 있습니다.
본래 여름은 덥다고 하지만

더워도 너무 더운 날이 지속되고 있습니다.
지구 변화를 설명하는 만능열쇠는
지구 온난화가 된지 오래되었으며
지구 온난화의 주원인은 이산화탄소라는 것이
주류 언론이 인류를 향해 제공해 주는
이 시대의 정상과학입니다.

폭염의 원인은 알려고도 하지 않은 채
폭염 예보가 틀렸다고
신뢰를 잃은 기상청을
구라청이라고 부릅니다.
폭염의 원인은 알지도 못한 채
폭염의 진짜 원인은 알려고도 하지 않은 채
오직 기상청의 오보를 문제 삼아
문제의 본질은 보지 못한 채
화를 내고 분노하는 현실을 보며
아무것도 모르는 인류들을 위해
기록의 필요성이 있어
다음과 같이 기록으로 남깁니다.

첫 번째 이유

지구 온난화의 진짜 이유는
보이지 않는 고차원의 빛인 **광자의 빛** 때문입니다.
2012년 12월 22일부터 유입되기 시작한
광자의 빛은 창조근원이 계시는
파라다이스를 출발하여

네바돈 우주의 스타게이트인 북두칠성을 통과하여
지구로 들어오고 있는
고(高)에너지의 빛이며 열을 동반하고 있습니다.
광자의 빛에 의해 동반하고 있는 열이
지구 온난화의 진짜 원인이며
전 세계적으로 일어나고 있습니다.

두 번째 이유

제트기류(jet stream)

대류권의 상부 또는 성층권의 하부에서, 좁은 영역에 거의 수평으로 집중하는 강한 기류.
최대 풍속이 100m/s를 넘기도 함. 북반구의 경우, 겨울에는 북위 30도 부근에 있고 여름에는 45도 부근까지 북상함

제트기류*의 이상이 기후 변화의 원인입니다.
제트기류는 기후 변화를 일으키는 주요 인자이며
하늘의 보이지 않는 손들에 의해
치밀하게 조율되면서
전 세계의 기후 패턴들을
조금씩 변화시키고 있습니다.
태양으로부터 지구에 들어오는 태양의 빛은
천상정부의 통제 속에 있는
우주 함선들에 의해 조정이 되어 왔습니다.

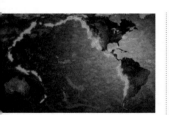

불의 고리(ring of fire)

세계 주요 지진대와 화산대 활동이 중첩된 지역인 환태평양 조산대를 칭하는 말

태양의 차원상승을 앞두고
태양 활동은 감소하였으며
동시에 지구 자기장 역시 감소되었으며
지구 자기장의 감소는
불의 고리*를 활성화시켰습니다.
2013년 이후 광자의 빛이 들어오면서
지구 자기장의 감소로 인하여
광자의 빛이 지구로 그대로 유입되어

변화를 일으키기 위한 만반의 준비를 갖추고
만물에 골고루 집적되어 있습니다.

태양의 차원상승 후
태양빛은 더욱더 밝아지고
더 많은 열이 지구에 집적되고 있으며
광자의 영향으로 인한 열 또한
변화의 임계점을 향해 집적되고 있는 중입니다.
태양의 차원상승과 광자의 빛의 유입은
지구 자기장의 세기를 강하게 할 것이며
중력의 세기 또한 강하게 조정되고 있습니다.

자기장의 세기가 강해지고
중력의 세기가 미세하게 조정되면서
지구 격자망의 에너지 포털들이 활성화되면서
제트 기류의 흐름에 변화를 가져왔습니다.
제트 기류의 변화가 바로
기후 변화의 주요 원인입니다.

광자의 빛의 유입으로 인한
지구 행성의 보호막은
자기장의 세기를 높여 행성을 보호하는
자정기능이 하늘에 의해
아무도 모르게
아무도 모르게
진행되고 있습니다.

지구 행성은 차원상승을 앞두고 있으며
지구의 차원상승의 핵심은
극이동(지축의 정립)에 있습니다.
이것을 대비하여 지금 지구 행성은
지구 자기장의 세기가 강해지고
중력의 세기가 강해지는
에너지 조정 작업이 하늘에 의해
아무도 모르게 진행되고 있습니다.

세 번째 이유

한반도 폭염의 이유는 다음과 같습니다.
지구 행성은 지축의 정립을 앞두고 있습니다.
지구 행성의 역사의 중심에는
한민족을 중심으로 한 단지파들이 있고
한민족 중에 하늘에 인연이 있는 인자들을
깨우기 위한 감로비*가 내리고 있기 때문입니다.
한민족의 의식을 깨우고자
250만년의 인류 역사를 마무리하는 의미에서
산 자와 죽은 자를 구별하기 위한
하늘의 감로비가 한반도에 집중적으로
내리고 있는 중입니다.
8월 26일까지 내릴 예정이며
감로비는 15일 동안 지속되었으며
무더위는 36일 동안 지속되었습니다.

고차원의 빛인

감로비
하늘이 내려준 감로수(甘露水)
감로수는 한 방울만 마셔도 모든 괴로움이 사라지고 영생불사하는 신령스런 액체로 비유되며, 여기서는 비처럼 내려주는 창조주의 빛을 의미함

감로비와 광자대의 빛은
열을 동반할 수밖에 없습니다.
8월 11까지는 평소와 같은 더위였으며
8월 12일부터 8월 26일까지의 더위의
진짜 원인은 광자의 빛과
해인*을 위한
감로비가 더해져 더운 것입니다.

눈에 보이는 세계는
눈에 보이지 않는 세계와 함께합니다.
지금 지구 행성에 있는 인류들의 운명을
결정하는 감로비가 내리고 있습니다.
2015년 10월 초순경에는
비와 함께 해인을 알리는 감로비(음)가
15일 동안 내렸으며
2016년 8월 12일부터 15일 동안
해인을 완성하는 감로비(양)가
내리고 있습니다.
감로비는 창조근원께서 주시는
은총과 사랑입니다.
감로비는 해인을 위한 빛이며
감로비의 은혜를 받는 자를
성경에서는 기름 부은 자로 전해졌습니다.

감로비는 모두에게 내리는 축복입니다.
빛의 심판입니다.
감로비 이후의 사회 변화는 다음과 같습니다.

해인(海印)
바다의 풍랑이 잔잔해져서
만상이 있는 그대로 각인되
는 것으로 불교의 깨달음을
상징.
진정한 의미의 해인이란 창
조주의 빛을 받아 차크라가
열리고 송과선이 활성화되
어 만물의 이면과 실상을 꿰
뚫는 지혜의 눈, 영안이 열리
고 의식이 각성된 것을 말함

광자대 빛의 대폭 증가
동물들의 반란
혼의식의 폭발(분노 장애, 감정 장애의 증가)
지축의 순차적 정립(극이동의 시작)
거짓 선지자들의 대거 출현
재림 예수의 대거 등장
아마겟돈의 시작(종교 매트릭스의 붕괴)
물질문명의 붕괴(대공황 발생)
지각판들의 요동
거대한 해일
모든 화산들의 폭발

아무것도 모르는 인류들에게
우주적 지식을 모르는 인류들에게
하늘이 일하는 방식을 모르는 인류들에게
폭염의 원인은 모르는 채
기상청의 오보 때문에
분노하는 인류들을 위해
보이지 않는 세계에서 일어나고 있는
기후 변화의 원인을
우데카 팀장이 기록으로 남깁니다.

산 자와 죽은 자를 구별하는
감로비가 내리고 있습니다.
인연이 있는 노란빛 영혼그룹들을 위해
깨어나고 있는 빛의 일꾼들을 위해
하늘의 축복의 빛인

감로비가 내리고 있습니다.

250만 년 동안 고생한
모든 영혼들에게도 만찬과 이별을 위한
감로비가 내리고 있습니다.

감로비가 그치고 나면
산 자와 죽은 자를 구분하기 위한
대자연의 변화가 준비되고 있음을
시절 인연이 있는 인자들을 위해
깨어나는 빛의 일꾼들을 위해
이 글을 기록으로 남깁니다.

여러분들의 건승을 빕니다.

빛과 어둠의 통합이 갖는 의미

빛과 어둠의 프레임은 음과 양처럼
분리할 수도 없으며
공존할 수밖에 없는
우주의 기본적인 법칙입니다.

물질문명을 행성에 도입하고 발전시키고
물질 중심의 사고를 하게 되고
경쟁을 통한 승리와 성공을 삶의 의미로
삶의 전부로 알고 살고 있으며
사물에 대한 인식과 사고가 물질 중심으로 사고하고
눈에 보이는 것만을 믿으며
논리적이고 합리적인 것들을 추구하는
성향을 가진 사람들은
어둠(물질)의 매트릭스*를 가진 사람이라고 합니다.

매트릭스(matrix)
영이 물질체험을 하기 위해 혼과 결합할 때 혼에 설치되는 격자 모양의 에너지 틀로 빛·중간·어둠으로 구분됨. 같은 상황에 대해 다른 반응을 보이는 것은 매트릭스 구조가 다르기 때문

빛의 매트릭스를 가진 사람들은
눈에 보이는 것에 대한 집착보다는
눈에 보이지는 않지만
보이지 않는 진리를 추구하며
마음에 순수함과 사랑이 넘치는 사람이며
가슴에 물질보다는 사람을 품는 사람이며
물질은 잃어도 사람은 잃지 않는 사람들입니다.

여기에 빛의 속성과 어둠의 속성을
다 가지고 있으면서 빛과 어둠의 균형을
유지하는 역할을 맡고 있는 그룹이
중간계 그룹입니다.

이 세 가지 매트릭스 구조는
혼이 영에게 수여될 때 받는 것으로
자신의 자유의지로는 지울 수 없습니다.
인류 모두는 세 가지 중 한 가지를
몸에 주홍글씨처럼 새기고
그 행성의 윤회와 환생 시스템에 접속됩니다.
그 후에 행성의 가이아로부터 백(정령)을 수여받아
육신을 가진 물질 체험이 이루어지게 됩니다.

빛의 매트릭스가 흰색의 창호지에
격자가 없는 창문이라고 비유한다면
중간계 매트릭스는 흰색의 창호지에 격자가 엉성하게
40% 정도 있는 창문으로 비유할 수 있으며
어둠의 매트릭스는
흰색의 창호지에 촘촘하게 형성된 격자망이
80%로 비유할 수 있습니다.
인류 모두는 빛 40%, 중간계 20%, 어둠 40%로
구성되어 있습니다.

혼에 주홍글씨처럼 쓰여진 매트릭스 구조는
한 사람의 인식의 틀과 사고의 틀을 결정하며
생각이 서로 다른 사람들끼리

어울리며 부딪치며 살게 하는
우주의 기본적인 네트워크망입니다.

지구 차원상승의 백미라 할 수 있는
역장 프로그램은
격변과도 같은 자연재해 이후
창조주가 직접 주관하는 프로그램이며
자기장과 중력 그리고 광자의 빛의 작용으로
이루어지는 특수한 지역을 말합니다.

역장은 지구 자기장보다 20배에서
80배 이상 되는 곳으로
호모 사피엔스가 창조될 때의 최적의
몸 상태를 유지하기 위해
하늘이 인위적으로 만들어 주는 것으로
중력은 줄어들게 되고
광자의 빛은 강해질 때 생기는 특수한 공간입니다.

차크라가 연결되어
몸의 진동수가 높아지거나
혼에 새겨진 중간계 매트릭스 87%와
혼에 새겨진 어둠의 매트릭스 89% 이상이
하늘로부터 지워지지 않은 사람은
역장 출입이 불가능하게 됩니다.

매트릭스의 구조는 하늘에 의해
2016년 4월과 5월에 걸쳐 지워지게 되며

재난 이후에도 하늘에 의해
이 매트릭스 구조가 지워지는 인류들은
의식의 각성과 함께
역장 출입이 가능하게 될 것입니다.
인명은 재천이라 했으며
인간의 자유의지로 지워질 수 없는 것이라
인류들은 역장의 출입문 앞에서
하늘의 무서움과 냉정함을 경험하게 될 것입니다.

이것이 하늘에서부터 이루어지는
빛과 어둠의 통합의 시작이며
자연재해와 전 세계적인 재난 후에
우리 사회와 세계 각국들은
어둠의 정부✤의 직접적인 통제를 받게 될 것이며
이들의 박해를 피해
역장으로 역장으로 들어오려 할 때에
태어날 때 자신이 가지고 온
어둠의 매트릭스 구조나
중간계 매트릭스 구조를
의식의 각성을 통해서 지우지 못하고
하늘의 선택을 받지 못한다면 역장 안으로
들어오지 못하게 될 것입니다.

어둠의 정부
세계의 정치 경제의 배후에
서 지배하고 있는 드러나지
않은 조직. 그림자 정부

진정한 빛과 어둠의 통합은
물질문명의 종결을 의미합니다.
혼에 새겨진 매트릭스 구조가 해체됨을 뜻하며
긴 세월동안 몸에 배인 생활의 인습들을

전체의식으로 승화시키고
오염된 지구의 역사를 바로잡기 위해
진리를 전달하기 위해
물질문명의 붕괴와 함께
하늘에 의해 창조주의 의지에 의해
역장이 설치되고 최후에까지 저항하는
어둠의 정부가 붕괴되고 난 후
이루어지게 될 것입니다.

역장이 해체될 때까지
매트릭스 구조가 바뀌지 않는 사람은
역장 밖에서 생활을 하게 될 것입니다.
시간이 지남에 따라 한반도에서 시작한
역장의 설치와 운영에 대한 노하우들이
해외로 확대 보급될 것입니다.
시간이 지남에 따라 역장들이 확장됨에 따라
한반도 전체가 하나의 역장으로
통합이 이루어질 것입니다.
역장 밖의 생활들은
자연재해나 사회적 기반의 붕괴로
생존이 어려워지거나
매우 열악한 상태가 될 것입니다.

하늘이 직접 주관하는 역장 안에서
여러분들을 볼 수 있기를??

여러분들의 건승을 빕니다.

물질문명과 정신문명의 상관관계

물질문명의 토대 위에서
정신문명이 성장할 수 있습니다.
물질문명과 정신문명은 상호보완적이면서
서로 긴밀하게 연결되어 있습니다.

지구에서는
그동안 많은 실험들이 있었습니다.
마야 문명이나 잉카 문명은
분명 정신문명이 발달한 문명이었으나
물질문명의 지원을 받지 못하면서
지구에서 오랫동안 지속하지 못한 채
문명의 흔적만을 남기고 사라져 버렸습니다.

무탄트 메시지

정신문명이 물질문명의 지원이나
물질문명의 토대 위에 있을 때
정신문명은 안정적으로 문명을
유지할 수 있기 때문입니다.
무탄트 메시지*에 등장하는
정신문명이 아무리 발달한다고 해도
그 정신문명을 뒷받침해 줄 물질문명이
사막과 같은 인간이 생존하기 어려운 열악한 환경
속에선 지속하기 어려운 문명이기 때문입니다.

자연과 조화를 이루어 살면
서 모든 생명체가 형제이며
누이라고 믿는 호주 원주민
부족이 정신적으로 돌연변
이가 된 문명인들에게 던지
는 메시지를 담은 책.
무탄트는 본래의 모습을 상
실한 존재를 가리키는 말로
돌연변이가 된 문명인을 상
징

물질문명은 정신문명에 비해
늘 한발 앞서가는 것이
우주의 기본 이치입니다.
물질적 생산력이나 물질적 토대 위에서
정신문명이 꽃을 피울 수 있으며
정신문명이 물질문명 자체 모순으로
붕괴되는 것을 막을 수 있기 때문입니다.

물질문명은 보통 정신문명에 비해
한 차원 정도 높게 발전하는 것이
가장 이상적인 발전 속도입니다.
인간이 세상에 나올 때
영이 물질 체험을 하기 위해
혼이라는 외투를 입을 때
빛의 매트릭스(정신적 가치 추구)
어둠의 매트릭스(물질문명의 성장 = 과학기술의 발전
과 물질 생산력 증대와 유통)
중간계 매트릭스(물질과 정신적 가치 추구의 균형)를
가지고 태어나 서로가 서로에게 도움이 되며
에너지의 조화와 균형을 찾아가는
공부를 하고 있는 것입니다.

빛의 매트릭스를 가지고 온 인자들은
물질화되지 않는 빛의 역할을 통해
정신적 가치를 보존하고 지키는 역할이며
어둠의 매트릭스를 가지고 온 인자들은
지구에서 정신문명을 꽃피우기 위해

과학기술의 발전과 생산력의 증대를 통해
물질적 토대를 건설하기 위한 역할이 있습니다.

지구의 역사는
물질문명과 정신문명의 조화와 균형 찾기에 의해
성장해 왔으며 윤회를 할 때마다
자신의 영적 진화의 과정에 맞게
매트릭스 구조를 가지고 태어나
그 시대적 가치를 실현하고자
최선을 다해 살아온 과정입니다.
서로가 서로의 물질 체험을 위해
역할을 바꾸어 가며 매트릭스 구조를 바꾸어 가며
서로가 서로의 공부를 위해
다 함께 참여한 공동의 역사인 것입니다.

인공지능 알파고*는 우주적 시각으로 보면
5차원 1단계 수준으로 보면 됩니다.
지구 행성의 물질문명의 속도는
점점 더 가속화되고 있습니다.
지구 행성의 물질문명의 발전 속도는
5차원의 과학 기술 문명을 열어 가고 있지만
정신문명은 아직 물질문명을 받쳐 주지 못하고
낡은 패러다임 속에 갇혀 있습니다.

혁명과 개벽은
인간의 관습과 관념들이
늘 변화하는 사회 환경과 물질문명이

알파고
구글에서 만든 인공지능 바둑프로그램으로 CPU 1200개로 이루어진 슈퍼컴퓨터. 세계 최고의 바둑기사로 평가되는 이세돌과의 대결에서 이겨 인공지능이 바둑에서도 인간을 넘어서게 됨

성장하는 속도를 따라잡지 못하고 그 격차가 커질 때
일어나는 것이 세상의 이치입니다.

정보 혁명이 하루가 다르게 발전하고 있는
현 시대에 정신문명은 성장하기는커녕
종교의 매트릭스에 갇혀
정신문명과 물질문명의 간극은 점점 더
커지고 있습니다.

물질문명의 성장 속도가 너무 빨라
모든 것이 물질화되고 계량화되는 속도가
점점 가속화되고 있습니다.
물질문명이 이대로 브레이크 없이 폭주한다면
지구 행성의 미래는
과거 아틀란티스와 레무리아 시기처럼
물질적 탐욕으로 물든 인간의 욕망으로 인해
자체 모순으로 인해
핵전쟁으로 인해 파괴되거나
하늘에 의해 하룻밤 사이에
바다 속으로 사라질지 모릅니다.

물질문명은 정신문명의 도움 없이
지속될 수 없으며
정신문명 또한 물질문명의 도움 없이
문명을 유지하기에는 한계가 있습니다.
지구 행성은 급속도로 발전한 물질문명의 속도에
정신문명이 보조를 맞추는

정신문명 중심의 차원상승이
하늘에 의해 계획되었으며
땅에서 펼쳐지고 있습니다.

물질문명과 정신문명의 균형을 찾는 것이
행성의 진화 과정인 동시에
행성에 살고 있는 영혼들의 의식의 성장과
영적 진화의 과정에 중요하기 때문입니다.

배고픈 상태에서 생존이 위협 받는 상태에서
고도로 발달한 정신문명을 펼칠 수는 없습니다.
배부른 상태에서 물질화된 탐욕 속에서
정신문명은 빛의 역할을 할 것이며
물질(어둠)속에서 핀 연꽃으로 피어날 것입니다.

물질문명과 정신문명이 서로
조화와 균형이 이루어진 정신문명의 꽃이
지구의 차원상승으로 완성될 것입니다.
지구는 그렇게 될 것이며
그 과정에 인류의 의식의 대전환을 위해
물질문명의 붕괴는 불가피합니다.
새로운 물질문명과 새로운 정신문명은
한반도에서 역장 안에서 완성된 후
전 세계에 보급될 것입니다.

그렇게 될 것이며
그렇게 되었습니다.

사랑의 방식과 정의의 방식 :
6차원의 정신문명

빛의 방식이란
사랑과 자비와 연민의 에너지가
잘 소통되게 하는 것을 말하는 것이며
인간의 행동을 동기적 관점에서 보면
사랑과 두려움 중
바탕 생각이 사랑에서 출발한 것을 말하는 것입니다.

어둠(물질)의 방식이란
옳고 그름을 판단하는 것이
사랑의 가치보다 우선시되는 사고방식을 말하는
영성계 용어입니다.
인간의 행동을 동기적 관점에서 보면
사랑과 두려움 중
바탕 생각이 두려움에서 출발한 것을
말하는 것입니다.

지구 행성은 지금
물질문명의 정점을 향해 나아가고 있으며
물질문명이 발전하는 속도를
정신문명이 뒤쫓아가지 못하고 있습니다.
과학기술의 발전은
생산력의 비약적인 증가를 가져왔으며
인구의 증가와 함께

도시화의 급격한 변화와 함께
사회는 제도화되고
법률에 의해 관리되고 통제되는 사회로 빠르게
전환되었습니다.

하늘과의 소통이 단절되면서
하늘의 진리는 두려움과 기복 신앙에 기반한
종교라는 테두리 안에 갇히게 되었으며
하늘과의 소통이 단절되는 시기가 길어지면서
종교는 제도화되고 권력화되면서
물질 매트릭스와 종교는 더 이상
분리할 수가 없게 되었습니다.

종교가 제도화되면서 종교 지도자들이
하늘과의 온전한 소통이 단절되면서
종교의 신들은 빠른 속도로
화를 내고 옳고 그름을 심판하고 복을 주는 존재로
인격화된 모습으로 변화하게 됩니다.

지구 행성은 50만 년 동안
어둠(물질)이 매우 짙은 암흑 행성이었으며
물질을 소유한 자가
경제력을 가진 자(화폐를 움직이는 자)들이
옳고 그름을 판단하는 자들이
세상의 중심이었으며
이들을 중심으로 한
어둠의 정부들이 무대 뒤에서

무대 위의 인류들을 통제하는
어둠(종교)이 지배하는 행성이었습니다.

입으로는 사랑을 이야기하고
말로는 자비와 연민을 이야기하지만
생각으로는 조건 없는 사랑과 자비와 연민보다는
사회의 관습과 법률로 상징되는 제도화된 행정적
절차를 더 중요시하게 될 수밖에 없게 되었습니다.

사랑의 방식으로 세상을 살아가기에는
이미 우리 사회는 너무 복잡해졌으며
고도화되어 있으며 전문화되어 있습니다.

사랑의 방식으로 사는 사람들을 보게 되면
순수하게 보이지만
손해 보고 사는 경우가 많아 보이고
때로는 매우 어리석어 보이고
실속 없이 사는 것처럼 보이고
이용당하기 쉬워 보이고
바보처럼 살아가고 있다고
생각이 들 것입니다.

정의의 방식으로 사는 사람들을 보게 되면
똑똑해 보이고 현명해 보이고
냉철한 판단을 내리고
손해 보는 결정을 내리지 않으며
사회적 정의를 위해 살고 있으며

합리적이고 과학적인 사고를 하는 사람들로
인식되는 것이 인류의 의식입니다.

빛의 매트릭스를 가진 인자들은
정의의 방식보다는
사랑의 방식이 좀더 익숙한 사람들이며
어둠의 매트릭스를 가진 인자들은
사랑의 방식보다는 정의의 방식이 좀더
편하게 다가오는 사람들입니다.
중간계의 매트릭스를 가진 인자들은
어느 정도 사랑과 정의의 장점들만을
흡수한 사람들이 많습니다.

지구 행성은 우주에서 몇 안되는
물질의 매트릭스가 너무 촘촘하게 짜여진
물질 중심의 행성이며
4차원 물질학교 중 난이도가 매우 높은
물질(어둠의 매트릭스)이 중심이 되는
행성입니다.

지구는 지금까지는
물질이 중심이 되는 사회였으며
옳고 그름을 잘 지키는 것이
사회 구성원들이 지켜야 할 덕목이었으며
마음에 사랑이 없다고
가슴에 사랑이 부족하다고 비난을 받는
사회나 행성은 아니었습니다.

6차원의 정신문명은
옳고 그름(정의)은 사랑 안에서 이미
승화되어 버린 에너지로 인식하게 되며
사랑을 더 많이 주지 못해 미안해하고
사랑을 더 많이 베풀어 주지 못해 부끄러워하는 것이
자연스러운 문명이 될 것입니다.
정의의 방식보다는 분별없는 온전한 사랑이 가득한
사회가 될 것입니다.

지구의 차원상승 과정에서
짧게는 50만 년
길게는 250만 년 동안
지구는 정의의 방식이 매우 우세한
행성의 진화 과정을 겪어 왔습니다.
하늘이 준비한 영적 전쟁(아마겟돈)은
인류가 물질문명 속에 살아오면서 형성된
모든 물질화된 관습들과 생각들을
극명한 대립을 통해
생존을 위협받는 극한적 상황을 통해
물질화되어 있는 의식을
사랑의 방식으로 빛의 방식으로 교정하기 위한
하늘의 프로그램입니다.

물질화된 사고와 고착화된 생활 습관들과
물질화되고 인격화되고
오염된 신에 관한 관념들을 바로잡기 위해
물질문명의 붕괴를 통해

물질 매트릭스를 붕괴시키고
새로운 정신문명으로 지구를 리셋하는데
그 목적이 있습니다.

과거 레무리아와 아틀란티스 문명처럼
모두 갈아엎고
새로운 매트릭스를 설치하는 것이 아니라
빛의 매트릭스가 가진 사랑의 방식과
어둠의 매트릭스가 가진 정의의 방식과의
치열한 영적인 전쟁을 통해서
순도 높은 빛의 매트릭스를 가진 인자들을
데리고 육신을 입은 채로
6차원의 정신문명을 열고자 하는 것이
하늘의 계획이며
하늘이 진행하고자 하는
빛과 어둠의 영적 전쟁을 준비하는
진짜 이유입니다.

지금처럼
물질에 오염되어 있는 의식을 깨우고
종교에 갇혀 있는 인격화된 신들을
제자리로 돌려놓고
하늘의 진리가
대우주의 진리가 펼쳐지는
대우주의 전체의식으로 합류하고자
빛과 어둠의 치열한 영적 전쟁이
하늘에 의해 준비되고 있는 것입니다.

지구 차원상승 후
새하늘과 새땅에서 살아갈 인류들은
정의의 방식을 사랑의 방식으로
전환하는 시기가 필요한데
하늘이 준비한 것이
1년 정도의 역장 생활입니다.
역장 생활을 통해
모든 생활 습관들이 사랑의 방식으로
전체의식으로 하나가 될 때까지
집단생활을 통한
아보날의 수여를 통한
역장 생활이 준비되어 있습니다.

그렇게 될 것이고
그렇게 될 것입니다.

여러분들의 건승을 빕니다.

역장이란 무엇인가?

차원상승의 관문, 역장(Protective Energy-Field Area)

역장이란 내부와 외부 환경을 완전히 분리·차단시키는 에너지 보호막으로, 자연재해와 각종 재난으로부터 인류를 보호하고 지구의 차원상승에 발맞춰 인류의 의식과 몸의 진동수를 단계적으로 끌어올려 6차원 세계에 연착륙할 수 있도록 하늘이 인류를 위해 차원상승의 징검다리로 설치한 최후의 보루입니다. 따라서 역장을 통하지 않고서는 누구도 6차원 지구 위를 걸을 수 없으며, 역장에 진입하기 위해서는 사전에 몸이 빛의 매트릭스로 전환되어야 하며 의식각성이 일정 수준에 도달해야 합니다.

역장의 설치 및 구성

빛의 일꾼은 하늘과 소통하여 역장의 소재와 규모, 조건 등을 파악하여 차원상승과 더불어 역장이 가동될 때를 대비하여 만반의 준비를 갖춰야 합니다.

역장은 에너지와 의식각성 수준에 따라 수뇌부가 있는 A구역, 하강하는 영혼이 거주하는 B구역 그리고 상승하는 영혼이 공부하는 C구역으로 구분됩니다.

역장의 주요 기능

- 자연재해와 각종 재난으로부터의 보호
- 의식각성과 몸의 진동수에 따라 살 자와 죽을 자의 분리 및 격리
- 천상의 빛과 광자에너지의 증폭(피라미드 원리)에 의해 의식각성과 몸의 진동수를 높여 빛의 몸으로 변모하는 최적의 환경을 제공
- 물질문명의 붕괴에 따른 물자 부족을 대비한 배타적 생활구역
- 극한의 원시공동체 생활을 통해 '콩 한쪽도 나눠먹는' 전체의식으로의 진입과 빛과 어둠의 마지막 시험장

3부

빛의 일꾼은
지상에서 만들어진다

빛의 일꾼은 하늘에서 만들어져서 내려오지 않습니다.
지구 차원상승 프로그램이 끝나는 마지막 순간까지
인간의 에고를 넘어서고
육신을 가진 인간의 두려움을 극복하고
온전한 빛으로의 역할을 수행할 때까지
하늘의 좁은 문을 열기 위한
하늘의 시험과 담금질은 계속될 것입니다.

깨어나는 빛의 일꾼들에게

의식이 깨어난 빛의 일꾼들에게
아직 의식의 깊은 잠을 자고 있는
빛의 일꾼들에게 전합니다.

빛의 일꾼 소집 명령
빛의 일꾼 144,000명이 깨
어나 활동해야 하는 하늘이
정한 타임라인이 되었다는
알림.
대부분의 빛의 일꾼들은 자
신도 모르게 있어야 할 곳에
배치되어 자신의 역할을 수
행하게 됨

빛의 일꾼을 위한 소집 명령✢이
하늘로부터 내려졌습니다.
빛의 일꾼을 훈련시키기 위한 훈련소로서
빛의 생명나무가 준비되어 있음 또한 알려 드립니다.

자만과 교만을 내려놓고
우월감과 영웅심을 내려놓고
가장 낮은 곳에서 편할 줄 알아야 합니다.
아무것도 모르는 인류들을 위해
모든 것을 잃고 망연자실해 있는 인류들을 위해
봉사하고 안내하는 역할만이 있을 뿐입니다.

타임라인
하늘이 정한 프로그램에 따
라 일이 진행되는 순서

타임라인✢이 언제인지 모른다고
타임라인이 맞지 않다고
타임라인을 불신한다고
하늘을 원망하고
하늘을 불신하고 있는
의식이 깨어난 빛의 일꾼들과
아직 잠들어 있는 빛의 일꾼들에게

우데카 팀장이 기록을 위해
다음과 같이 전합니다.

지구 차원상승을 위한
대자연의 변화가 임박하였습니다.
빛을 보고 채널을 하는 것이 중요한 것이 아닙니다.
그 정보를 해석할 수 있어야 하며
그 정보를 분별할 수 있는 능력이 우선입니다.

의식이 깨어난 빛의 일꾼들이여
아직 잠들어 있는 빛의 일꾼들이여
눈에 보이는 변화가 없다고
아직 그때의 징조가 나타나지 않는다고
하늘을 향해
언제까지 원망을 하고
언제까지 하늘만 쳐다보고 있을 것입니까?
지금은 빛의 일꾼에게 소집 명령이 내려진
비상시국이며 대격변을 앞둔 시간입니다.
자신의 인연에 맞는 곳으로
자신의 타임라인에 따라 빛의 일꾼 144,000명은
하늘의 치밀한 계획에 의해
자신이 있어야 할 곳으로 배치될 것입니다.

의식이 깨어난 빛의 일꾼들이여
아직 잠들어 있는 빛의 일꾼들이여
이제 그대들을 위한 시간이
시작되었음을 알려 드립니다.

빛의 일꾼들 그대들의 임무와 역할이
시작되었음을 전합니다.
모든 것을 잃고 망연자실해 있는
인류들 앞에 빛의 일꾼인 당신은 서 있게 될 것입니다.

어디로 가야할지 아무것도 모르는 인류 앞에
지금 무슨 일이 일어나고 있는지
아무것도 모르는 인류 앞에
한 치 앞도 보이지 않는 현실 앞에
배고픔과 추위에 떨고 있는 인류 앞에
빛의 일꾼인 당신은 내던져지게 될 것입니다.

모든 희망을 잃은 채
망연자실한 채로 넋을 잃고 있는 인류와
빛의 일꾼들은 마주서게 될 것입니다.
인류의 고통과 슬픔
인류의 원망과 분노
인류의 두려움과 공포 앞에
빛의 일꾼들은 내던져질 것입니다.

그날이 올 것이고
그날이 오고 있으며
그날이 얼마 남지 않았습니다.

의식이 깨어난 빛의 일꾼들이여
아직 잠들어 있는 빛의 일꾼들이여
당신들을 위한 소집 명령이 내려졌습니다.

당신이 250만 년 전에
창조주 앞에서 선언한 그 서약과 맹세의
시간이 시작되었음을 알려 드립니다.

의식이 깨어난 빛의 일꾼들이여
아직 잠들어 있는 빛의 일꾼들이여
그대 앞에 서 있을 인류를 위해
당신은 준비되어야 하고
훈련되어져야 합니다.
그때를 알리는 빛의 일꾼 소집을 알리는
황금나팔 소리가 울려 퍼지고 있습니다.

빛의 일꾼들은
가장 낮은 곳에서 사랑을 전하고
사랑을 실천하는 인자들입니다.
그대의 사랑은 지금 어디서 무엇을 하려 하십니까?

그렇게 될 것이고
그렇게 될 예정이며
그렇게 될 것입니다.

빛의 일꾼들이 워크인이 많은 이유

250만 년 동안 지구에 살면서
하강하는 영혼들인 빛의 일꾼들과 아보날 그룹들은
윤회를 평균 35회 정도를 하면서 살아왔습니다.

하강하는 영혼들인 아보날 그룹들과
행정 관리 역을 맡고 있는 빛의 일꾼들은
대부분의 삶을 역사의 주인공들인
왕이나 영웅들의 삶을 살면서
수많은 카르마*들을 몸에 쌓고 또 쌓으며
살아왔습니다.
원시 지구의 시대에도 하강하는 영혼들은
1차원의 원소 체험을 위해 오랜 시간 동안
원소 정령으로서 물질체험을 하기도 했습니다.

카르마(karma, 업業)
삶을 사는 동안 다른 사람의
자유의지를 침범한 결과로
영혼 간에 얽혀 남아 있는 에
너지 불균형 상태.
천상 프로그램에 의한 공적
카르마와 자유의지 남용에
의한 사적 카르마로 구분됨.
본인의 카르마는 또 다른 윤
회의 삶에서 스스로 풀어야
하는 것이 우주의 법칙

상승하는 영혼들의 경우는 평균 25회 정도 거치면서
주로 평범한 삶을 살면서 자신의 영혼의 여정에 맞는
삶을 살면서 윤회를 해왔습니다.

250만 년 동안 하강하는 영혼들은
상승하는 영혼들보다 더 많은 윤회를 하면서
더 많은 카르마를 몸이 기억하게 됩니다.
카르마들과 아픈 기억과 공포들은
주로 몸에 기록되었으며

몸은 살과 살이 만나고 접촉할 때
그때의 좋지 않은 기억들이
무의식적으로 나타나게 됩니다.

특히 강렬한 두려움을 주는
죽음을 맞이할 때 겪었던 공포와
성과 관련한 좋지 않은 기억들과
좋은 기억들은 그대로
자기도 의식하지 못하는 사이에
몸이 먼저 반응하는 경우가 발생하게 됩니다.

대부분의 삶의 프로그램들은
자신의 카르마를 해소하는 방향으로 진행되지만
해소하지 못한 카르마들이
몸의 세포에 저장되어 있다면
상위자아 입장에서 보면 마지막 주기에
빛의 일꾼 역할을 수행하는데 있어
변수가 발생할 가능성이 매우 높습니다.

그 결과 대부분의 아보날 그룹들과
천상정부 소속 행정을 맡고 있는 빛의 일꾼들은
워크인*으로 인한 부작용이 많음에도 불구하고
역할과 책임이 크면 클수록 70% 정도는 워크인으로
삶을 선택하고 오는 경우가 많습니다.

워크인(walk-in)
P. 21 주석 참조

몸은 우리의 모든 것을 기억하고 있습니다.
그래서 자신과 250만 년 동안 윤회를 해 온

자신의 몸의 주인인 정령(백 에너지)을 다른
사람의 몸으로 교체하여 오게 됩니다.
이때 워크인의 좋은 조건으로는
연령이 얼마 되지 않고
자신의 남은 카르마와 비슷한 경로를 가진 영혼이
주로 선택이 되고 빛의 일꾼들 각자의 역할과 임무에
적합한 외모를 가진 경우에 선택이 되고
성격이나 유전적인 측면까지 고려하여 몸을 빌려줄
영혼의 동의와 이행조건들에 사인을 한 후
그 영혼과 동행하며
워크인으로 삶을 시작하게 되는 것입니다.

그렇지 않고
원한과 원망, 슬픔과 절망, 분노와 공포 등을 가지고
남녀 간으로 만나게 될 경우에는
빛의 일꾼의 역할을 원활하게 수행하지 못하고
또다시 윤회의 수레바퀴 속으로
추락하게 될 가능성이 너무 높기에
워크인으로 오는 것입니다.

우주에는 공짜가 없습니다.
몸을 빌려준 젊은 영혼들은 몸주인으로서
역할을 하면서 삶에 동행하게 됩니다.
그 결과 몸주인의 카르마를 대신 갚아야 하며
심지어 몸주인의 인생의 프로그램을 대신 살면서
결혼도 하고 이혼도 하고
자식도 낳고 살아갑니다.

이 모든 상황들은 워크인 되기 전에
영혼들끼리 세부적이고 구체적인 조건까지
검토에 검토를 거쳐 워크인이 이루어지게 됩니다.

빛의 일꾼들은 몸주인의 삶과 자신의 삶
이중의 삶을 동시에 순차적으로 살아내야 하기에
다중인격적인 성향을 갖게 되는 경우가 많으며
삶의 굴곡이 심하고
부부간의 금슬이 좋지 않으며
내 안에 누가 같이 살고 있다는 느낌을
받는 분들이 많이 있습니다.

워크인으로 온 빛의 일꾼들이 겪고 있는
몸주인의 인생이나 카르마는 모두
자신이 언젠가는 해결해야 하는
카르마와 일치하는 경우가 대부분이니
너무 속상해지는 마십시오.
그 대신 여러분들은 늙고 오래된 영혼이
젊고 예쁜 몸으로 신분을 세탁하고 와서
즉 신분 위장을 통해
평범한 사람 속에 자신을 숨기고 감춘 채
빛의 일꾼으로 빛의 전사로
준비되고 양성되고 있음을 기억해주시기 바랍니다.
빛의 일꾼 여러분들의 건승을 빕니다.

신인합일과 상위자아 합일

진리를 찾고
깨달음을 구하는 사람들에게
신인합일은 가장 궁극적인 목표입니다.
신과 인간의 합일은
모든 인간의 궁극적인 목표입니다.

동양에서는 **신인합일** 또는 인신합일이라 하였으며
때로는 도통군자나 성인이나
진인으로 지인으로 표현되었으며
불교에서는 **불성**이라 하였으며
다른 민족 종교에서는 각종 **통(通)**이라고 하였습니다.
그중에 제일이 신통이라고도 하였습니다.
성경에서는 **성령 충만**으로도 설명될 수
있을 것입니다.

서양에서는 감각을 느끼는 내(아바타)가 있고
이런 나를 보이지 않는 곳에서
이곳에 보낸 **진아**가 있는데
이것을 영성계나 뉴에이지 사상에서는
상위자아라고 부릅니다.

보이지 않는 세계에
부족한 나보다는 모든 부분에서 완전하고

초월적인 또 다른 나
나보다는 뛰어난 존재들이 있는데
그들을 인류들은 신이라는 존재로 인식하고 있으며
이들을 만나려는 시도들이 있었으며
이것이 다양한 종교들과 믿음들이
존재하는 이유이기도 합니다.

우주의 진리와 순리를 설명하는
다양한 방식들이 있을 수 있지만
우데카 팀장은
우데카 팀장의 방식으로 설명하고자 합니다.

16차원의 대영들에서 분화한 영들에게
길을 잃지 않는 한
설사 길을 잃고 돌아서 가더라도
자신이 돌아갈 곳은 오직 한 곳 뿐이며
그곳은 자신이 온 곳입니다.

인류는 자신이 온 곳이 모두 다릅니다.
대영들의 분화에 따른 차원에 따른
최종 상위자아들의 차원이 다릅니다.
나라는 개체성이 보장되는
신과 합일이 이루어지기 위해
낮은 단계로부터의 신인합일이 필요합니다.
단 한 번의 깨달음으로 인류는
자신의 궁극적인 내안의 신성의 최고에
이를 수는 없습니다.

18차원의 우주를 기준으로 설명하면
다음과 같습니다.

4차원의 나라는 존재는
5차원에 1차 상위자아가 있으며
7차원에 2차 상위자아가
9차원에 3차 상위자아가
11차원에 4차 상위자아가
13차원에 5차 상위자아가
15차원에 6차 상위자아가
16차원에 7차 상위자아가
17차원에 8차 상위자아가
18차원에 9차 상위자아가 존재합니다.
16차원부터는 지역우주를 벗어난 곳이기에
창조주가 계시는 영역입니다.

사람마다 육신의 부모에게 태어난 시기가 다르듯이
영혼에게도 자신이 탄생한 영혼의 계보가 존재하며
영혼이 탄생(분화)한 차원이 다릅니다.

하강하는 영혼들은 12차원 이상의 상위자아를 둔
영혼들을 말합니다.
상승하는 영혼들이란 자신의 최종 상위자아가
11차원 이하인 영혼들을 말합니다.
상승하는 영혼들에게 하강하는 영혼들은
영혼의 부모입니다.

영혼에게도 가족이 존재하며
차원 간에 수평적으로
존재하는 영혼의 가족을 **그룹 영혼**+이라 하며
차원이 다른 수직적인 관계에서 존재하는
영혼의 가족을 **패밀리 그룹**+이라 합니다.

그룹 영혼·패밀리 그룹
P. 115 도해 참조

혼자서 수행을 하고
혼자서 명상을 하고
혼자 깨달음을 얻는 것이
깨달음이나 도를 찾는 것이
당연하게 생각이 들겠지만
우주에서는 나의 그룹 영혼이나 패밀리 그룹 간에
서로 에너지 교류를 통해서
서로 함께 할 때 더 좋은 결과를 기대할 수 있습니다.

나와 함께 정을 나누고
살아가고 있는 사람들은 대개
나의 그룹 영혼이나 패밀리 영혼들로 짜여 있으며
서로가 서로를 돕는 구조로 되어 있습니다.

나의 아내가 나일 수 있으며
내 자식이 나의 그룹 영혼일 수 있으며
내 이웃 중에 누군가가
나의 상위자아가 분화된 본영을 공유하는
또 다른 나일 수 있습니다.

깨달음과 진리와 도를 너무 멀리서 찾지 마십시오.

우주의 질서와 순리는 일상적인 것
평범한 것들 가운데 있는 것이지
더 높은 곳에 있는 것이 절대 아닙니다.

의식이 높아진다는 것이
지식이 많아 똑똑한 것과는 다른 것입니다.
의식이 높아진다는 것이
바로 깨달음이며 신인합일이며
상위자아 합일인 것입니다.

사물을 보는 눈이 깊어지고
세상을 보는 눈이 달라지고
주변 사람을 대하는 내 마음이 달라지고
동물을 대하는 마음이 달라지고
과거에는 절대로 용납할 수 없고
인정할 수 없던 것들이 이해가 되고 용서가 되고
눈에 거슬리고 비위에 맞지 않는 것들을
볼 때마다 불편했던 것들이
편해지기 시작했다면 바로 그 순간이
의식이 확장되는 순간이며
이해의 공간과 해석의 공간이 넓어진 것입니다.

의식이 확장되고 마음에 열정이 생기기 시작하고
가슴에 사랑이 확장되어 넘쳐흐를 때
그때 이미 당신은 신인합일이 이루어진 것이며
상위자아와의 합일이 일어난 것입니다.

신인합일이 일어나고
상위자아 합일이 일어난 증표로
특수한 능력이 생기고
남보다 뛰어난 도통이나 신통의 증거를 찾는다면
그런 일은 일어나지도 않을 뿐더러
일어난다고 할지라도 그것은 또 다른
공부를 위한 과정인 것이지
그것이 신인합일이나 상위자아 합일과는
아무 관계가 없습니다.

믿음의 본질은 보지 않고 믿는 것이고
순수한 마음과 따뜻한 마음 한 자락만큼
귀한 것은 없으며
우주에서 높은 존재들일수록
낮은 곳에서 가장 편안함을 즐길 수 있어야 하며
평범한 사람들 속에 그들의 고통과
아픔을 함께해야 하는 것입니다.

마음공부는 의식의 확장에 있으며
확장된 의식으로 옳고 그름의 경계를 넘어서고
조건 없이 이유 없이 흘러넘치는 사랑을
모두에게 베풀 수 있어야 합니다.

마음공부는 의식의 확장을 통해서
진리의 문을 열 수 있으며
이해의 공간이 넓혀지고 해석의 공간이 깊어지고
내가 담을 수 있고 내가 품을 수 있는

세계가 있고 우주가 있으며
그 안에 세상만물이 들어와서
마음껏 뛰어놀고 자랄 수 있을 때
그때야 비로소 신인합일과 높은 수준의
상위자아 합일이 이루어진 것입니다.
이적을 행하고 기적을 행하고
남에게 인정받기 위해 도를 구하고
진리를 구하는 것이 아니기에
의식이 확장되고
자신의 내면에서 신인합일과
상위자아 합일을 이룬 사람은
그때가 되기 전까지는
세상에 드러나지 않을 것입니다.

때가 되면
준비된 미륵들과 준비된 보살들과
준비된 빛의 일꾼들과 준비된 인(印) 맞은 자들이
혹독한 재난 속에서 극심한 혼란 속에서
절체절명의 바이러스난이 발생할 때
평범한 사람들 속에 살면서 그들은
한줄기 빛으로
한줄기 희망으로
절망과 슬픔 속에 있는 사람들에게
대우주의 사랑을 전하게 될 것입니다.

그렇게 될 것이고
그렇게 될 것입니다.

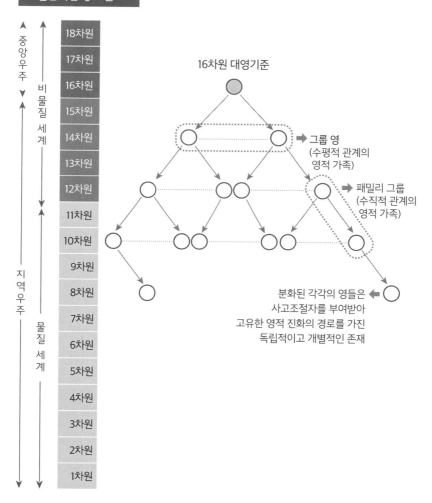

중앙우주
비물질세계

지역우주
물질세계

18차원
17차원
16차원
15차원
14차원
13차원
12차원
11차원
10차원
9차원
8차원
7차원
6차원
5차원
4차원
3차원
2차원
1차원

16차원 대영기준

그룹 영
(수평적 관계의
영적 가족)

패밀리 그룹
(수직적 관계의
영적 가족)

분화된 각각의 영들은
사고조절자를 부여받아
고유한 영적 진화의 경로를 가진
독립적이고 개별적인 존재

영의 분화의 형태는 다양하며, 일반적인 분화 외에 다양한 특수 분화도 있습니다.
분화된 영들은 각각 창조주로부터 사고조절자를 부여받아 독립적인 존재로 개체성을 가지며,
각자의 고유한 영적 진화를 하게 됩니다.
영의 분화로 영의 가족들이 생겨나는데
같은 차원에 있는 수평적인 관계의 영적 가족을 그룹 영이라 하며,
차원이 다른 수직적인 관계의 영적 가족을 패밀리 그룹이라고 합니다.

최종 상위자아 합일

3차원 물질 체험을 하고 있는
모든 영혼들은 누구나
자신의 최종 상위자아를 가지고 있습니다.
자신의 최종 상위자아가 존재하는 차원을 중심으로
하강하는 영혼들과 상승하는 영혼들로 나누어집니다.

빛의 일꾼들과
차원상승의 대상이 되는 노란빛 영혼들은
지금 이 순간
아무도 모르게
아무도 모르게
자신의 의지와 상관없이
낮은 단계의 상위자아 합일들이
각자 타임라인에 맞추어 진행되고 있습니다.

지구의 차원상승 과정에서
새하늘과 새땅 위에서 살아갈 사람들과
빛의 일꾼으로서 역할과 임무가 있는 인자들에게
아무도 모르게
아무도 모르게
나의 노력 없이도 하늘의 완전한 통제 속에서
상위자아 합일들이 이루어지고 있습니다.

중간계와 어둠(물질)의 매트릭스를 가진 일꾼들은
그들의 임무와 역할 때문에
빛의 매트릭스를 가진 일꾼들에 비해
낮은 단계에서의 상위자아 합일들이
먼저 일어나게 되어
먼저 임무와 역할들이 시작됩니다.

빛의 매트릭스를 가진 일꾼들은
자연의 변화가 본격화되면서
역장을 준비하는 인자들부터
최종 상위자아 합일이 일어나며
일반 빛의 일꾼들은 진행되는 프로그램에 맞추어
의식의 각성과 함께
상위자아 합일이 이루어지게 됩니다.

어둠의 역할을 맡고 있는 인자들은
자신의 역할과 임무에 따라
매트릭스 구조가 지워지는 시기가 정해져 있으며
그때에 맞추어 상위자아 합일이 이루어지고
역장의 출입 여부도 결정됩니다.

최종 상위자아 합일은
빛의 일꾼들에게 자신의 역할과 임무를
충실하게 수행하기 위해서 반드시 필요한 과정입니다.
낮은 단계에서의 상위자아 합일은
필요에 의해
하늘에 의해

자신의 노력 없이도 가능하지만
최종 상위자아 합일은
본인의 노력이나
의식의 각성 없이 이루어질 수는 없습니다.

자신의 최종 상위자아 합일이 이루어지는 과정에
임무와 역할을 위해
하늘에서 주는 특수능력들이 있으며
이것은 자신의 노력이나 자신의 능력으로
하늘에서 받은 것처럼 생각되지만
그것은 전혀 그렇지 않으며
빛의 일꾼들의 역할과 임무 수행을 위해
하늘에서 공짜로 주어지는 능력이라는 것을
잊지 마시기 바랍니다.
아무런 노력 없이 상위자아 합일이
빛의 일꾼들에게 지금 이 순간 일어나고 있으며
이 과정에서 예민하고 민감한 사람들은
평소보다 몸이 무겁거나 아프고
신비 체험을 겪는 분들도 있으며
원인이 불분명하고 치료가 잘 되지 않는 피부병들이
나타나기도 합니다.

최종 상위자아 합일이 이루어진다고 해도
완전한 신인합일이 되는 것은 아니며
신이 되는 것은 더더욱 아닙니다.
최종 상위자아 합일이 이루어진다는 것은
빛의 일꾼으로서

더 많은 정보와 고급 정보를 다룰 수 있는
역할과 임무가 있다는 것을 의미합니다.

최종 상위자아 합일은
대부분의 일꾼들에게 있어서는
역장 생활을 통해
피눈물 나는 인고의 과정을 겪고 난 뒤에야
의식의 각성을 통해서 이루어질 예정입니다.

최종 상위자아 합일을 이루었다고
육신의 옷을 입고 있는 아바타가
온전한 신이 되는 것이 아니라
하늘의 필요에 의해
땅에서의 역할과 임무의 원활한 흐름을 위해
필요한 시기에 필요한 만큼의 권능과 능력만을
잠시 허용할 뿐입니다.

최종 상위자아 합일을 이루었다 할지라도
무소불위의 권능과 권력을 쓸 수 있는 것이 아니라
하늘이 허락한 범위 내에서
우주의 보편적인 법칙 아래에서만
이루어질 수 있으며 허용될 수 있을 뿐입니다.

육신의 옷을 입고 있는 아바타가
최종 상위자아 합일을 이루었다고
하늘의 좁은문을 모두 통과한 것이 아니라
자신의 역할과 임무에 맞지 않는

어떠한 능력이나 권능은
허용되지 않을 것이며
지구 차원상승 프로그램이 끝나는
마지막 순간까지
인간의 에고를 넘어서고
육신을 가진 인간의 두려움을 극복하고
온전한 빛으로의 역할을 수행할 때까지
시험은 지속될 것이며
하늘의 좁은문은 계속될 것입니다.

최종 상위자아 합일은
빛의 일꾼들과 지구에서 새로운 문명을
열어갈 인자들에게는 반드시 거쳐야 할
관문이자 목표이지만
이것은
한 인간의 노력이나 의지만으로 되는 것이 아닌
하늘과 인간의 공동 창조물이라는 것을
잊지 마시기 바랍니다.

자만과 교만을 넘어
인간이 육신을 입고 살아야 하는 데서 오는
두려움을 온전하게 넘어서
하늘의 뜻을
땅에서 이루고자 하는
빛의 일꾼들에게
마지막 순간까지 깨어 있기를
두 손 모아 당부 드립니다.

영·혼·백의 에너지 정렬

최종 상위자아와의 합일이 이루어지고
최종 단계의 에너지 조정 작업이 남아 있는데 그것을
영·혼·백의 에너지 정렬이라고 말합니다.

최종 상위자아 합일이 길고도 힘들고
지난한 과정이라고 한다면
영·혼·백의 에너지 정렬은
단기간에 끝나는 과정이라 할 수 있습니다.

최종 상위자아 합일과 동시에
이번 지구 차원상승에
자신의 역할과 임무에 맞게
최종 상위자아의 차원의 네트워크망에
접속이 시작되며 중요한 정보들은
메타 휴머노이드 의식구현 시스템◆ 상에
잠재의식과 무의식의 영역에
필요한 정보들이 자동적으로 다운로딩 되어집니다.

이렇게 다운로딩 되어진 정보들이
정확하게 발현이 되는 시기가 정해져 있으며
육신을 가진 인간이기에
오류를 줄이고
큰 에너지를 다루어도 문제가 되지 않을 정도로

메타 휴머노이드 의식구현 시스템

휴머노이드형인 호모 사피엔스의 의식을 구현하는 시스템의 명칭.
인간이 자기의 생각과 감정이라고 인지하고 느끼는 것들은 무의식에서 잠재의식으로 올라와 현재의식으로 발현된 것이며, 하늘에서 각각의 의식의 영역에 정보를 활성화시켜 조절하는 방식으로 의식이 구현되는 것을 말함

호모 사피엔스의 혼의식에서 나오는
에고의 부정성을 사전에 차단하기 위해
영혼백 에너지 정렬이
하늘의 주관 하에
자신도 모르는 사이에 이루어지게 됩니다.
도가에서는 양신*이라고 알려져 있습니다.

양신(陽身)
양이 가득찬 빛의 몸이 되어
신의 형상을 이루었다는 도
가적 표현

양신이 되는 원리는 다음과 같습니다.
최종 상위자아 합일이 이루어지는 동안에
우리 몸의 진동수는 자연스럽게
오랜 시간을 거치면서 고차원 에너지인
고진동에 적응할 수 있는 몸이 되었으며
최종 상위자아 합일이 이루어짐과 동시에
영의 에너지가 본격적으로
우리 몸에서 활동을 하기 시작하는 것입니다.

최종 상위자아 합일을 이루는 동안에
백 에너지는 고진동에 적응을 이루었으며
혼의식으로 표현되는 에고 에너지 역시
지속적으로 축소되고 정화되어 있었습니다.

고차원의 영 에너지가
우리 몸에서 최종 상위자아 합일과 동시에
본격적으로 활동하기 시작함에 따라
영 에너지와 혼 에너지, 백 에너지가
서로 조화와 균형이 이루어져야 합니다.

영 에너지는
황금색으로 나타나며
크기가 클수록
밝기가 밝을수록
고차원의 영입니다.

혼 에너지는
최종 상위자아의 영적인 차원에 따라 다르며
흰빛, 은빛, 핑크빛, 노란빛
녹색빛, 청색빛, 보랏빛으로
아바타마다 특징이 있습니다.

백 에너지는
흰빛입니다.

영혼백의 에너지 정렬이 이루어지고 난 후
그 증표가 단중에
세 가지 색의 삼태극으로 나타나며
양신의 몸이 되었다는 것을 의미하며
하늘의 뜻을 땅에서 펼칠 수 있는
빛의 일꾼임을 하늘이 증명하는
상징이 나타나게 되는 것입니다.

아바타의 단중에 고유하게 나타나는
삼태극의 모양으로
자신의 우주적 신분이 드러나게 되며
하늘의 좁은문을 통과하여

최종 상위자아 합일 후에
빛의 일꾼으로서 일할 준비가 완료되었음을 뜻합니다.

채널의 진실도

채널 내용이 진실한 정도, 또는 하늘의 뜻에 부합하는 정도.
채널을 줄 때는 항상 진실만을 주는 것이 아니며, 채널러의 보호, 분별력, 의식 각성, 하늘의 뜻을 훼손하지 않고 계획대로 진행하기 위해 적당히 거짓과 진실을 섞어서 줌

여시아문(如是我聞)

'나는 이렇게 들었노라' 불교에서는 석가모니가 설한 것이므로 그대로 믿고 의심하지 않는다는 뜻으로 쓰임.
빛의 생명나무에서는 채널을 통해 듣고 보는 세계를 말함

채널의 진실도❖를 완성할 수 있으며
형상이나 특수 능력을 사용할 때
에고라는 변수를 제거하기 위해 꼭 필요하며
여시아문❖의 세계를 통해
하늘의 뜻을 온전하게
땅에서 이룰 수 있게 하는
에너지 정렬 과정입니다.

양신을 이루어야
하늘의 뜻을 땅에서
왜곡 없이
한 치의 오차도 없이
땅에서 온전하게 이룰 수 있기 때문입니다.
이것이 영혼백 에너지 정렬이 갖는
우주적 의미입니다.

빛의 일꾼들의 삼태극 생성

빛의 일꾼은
나의 노력으로 이루어지는 것이 아닙니다.
빛의 일꾼은 250만 년 전에
하늘이 일하는 방식에 의해 결정된
인자들에 의해 진행하는
하늘의 비밀 프로그램입니다.

최종 상위자아 합일이 이루어져야
빛의 일꾼으로서의 역할과 임무를
원활하게 수행할 수가 있습니다.
나의 상위자아가
나와 함께 늘 동행하는 것을 의미합니다.

호모 사피엔스는
희로애락의 감정 변동 폭이 매우 크며
정화되지 못한 에고는 바이러스처럼
순도 높은 고차원 에너지가
우리 몸에 수신되고 정착하는데
심각한 오류들을 유발하게 됩니다.

최종 상위자아 합일이 이루어지고
영혼백의 에너지 정렬이 이루어지고 나면
우리 몸에 여러 가지 변화가 나타나게 됩니다.

빛의 매트릭스를 가진 빛의 일꾼들은
최종 상위자아 합일과 영혼백 에너지 정렬이
이루어지고 나면
단중에 천·지·인 합일을 의미하는
삼태극 모양의 상징이 나타나게 되고
삼태극의 모양이 회전하며 돌게 됩니다.
삼태극의 모양의 크기가 크고
회전하면서 나오는 빛의 밝기가 밝을수록
높은 차원의 상위자아를 가진 분입니다.

삼태극의 상징이 나타나는
빛의 일꾼들은
자신의 최종 상위자아가 함께한다는 것을 의미합니다.
수행을 하기 위해
명상을 하기 위해
정신을 집중하다 보면
평소에는 온갖 잡념과 망상이 떠올라
내면으로 들어가기가 매우 어렵다는 것을
경험 속에서 우리들은 알고 있습니다.

삼태극의 등장과 함께
빛의 일꾼들에게는
메타 의식구현 시스템의
정렬이 이루어집니다.
온갖 생각들과 망상들이 사라지게 되고
잡념들이 사라지면서
내면의 소리에 집중할 수 있게 되고

잡음이 사라지는 효과를 일으키게 됩니다.
내면의 느낌을
쉽게 알아채고
쉽게 눈치챌 수 있게 됩니다.
순도 높은 채널이나
순도 높은 형상을 보고 듣는데
절대적으로 유리한 환경이 만들어집니다.

삼태극의 생성은
하늘과 땅과 인간이
합일을 이루었다는 것을 의미합니다.
하늘과 온전히 소통할 수 있다는 것을 의미하며
하늘의 뜻을 땅에서 펼칠 수 있는 역할과 함께
자신의 타임라인에 따라 권능이 주어짐을 뜻합니다.

삼태극의 생성은
호모 사피엔스의 몸에
하늘과 소통할 수 있는
정교한 기계장치들의 설치가 완료되었음을 뜻하며
자신의 최종 상위자아가
자신의 아바타의 모든 생각과 느낌까지도 함께하며
길을 잃지 않도록 하는
네비게이션이 작동되고 있다는 것을 의미합니다.

삼태극의 생성은
빛의 일꾼들이 최종 상위자아와 합일이
되었다는 것을 의미하며

최종 상위자아는
지구 차원상승 프로젝트의 최고 책임자인
창조근원의 네트워크망에 연결됨을 의미합니다.
최종 상위자아들은
모든 명령을 창조주로부터 직접 받고 있기 때문에
빛의 일꾼들 각자는
창조주의 신성한 명령을 수행하는 빛의 전사입니다.

삼태극의 생성은
빛의 일꾼임을
창조주의 신성한 명령을 수행하는 하늘 사람임을
하늘이 증명하는 것입니다.

빛의 일꾼들의 상징 분석

빛의 일꾼들은 하강하는 영혼들로서
최종 상위자아가 비물질세계에 존재하며
12차원에서 18차원에 분포합니다.

하단전, 중단전, 상단전의 빛이나 형상을 통해
다음과 같은 내용을 알 수 있습니다.

• 하단전 상승하는 영혼 : 흰빛, 은빛, 핑크, 노란색
　　　　　 하강하는 영혼 : 녹색, 청색, 남청색, 갈색,
　　　　　　　　　　　　　　 보라색
• 중단전 모든 영혼들의 지파를 구분할 수 있으며
　　　　　 인류는 12지파로 구분함
• 상단전 아보날 그룹과 단지파를 구분

빛의 일꾼들은 다음과 같은 특성을 가지고 있습니다.

1. 아보날 그룹의 특징과 심벌

• 우주의 특수 군인 신분
  12차원에서 15차원에 분포
  창조근원의 특수 에너지 분화
  창조근원의 자녀로서
  창조주의 명령을 수행하는 최정예 부대
  역장 최고 책임자로서

지역의 치안판사 업무와 대법관의 업무 집행

- **형상** : 우주의 군인답게 제복을 입고 있으며
  무관의 성격이 강함
  고집이 세고 강한 정신력을 보유하고 있으며
  군인다운 용기와 용맹을 가지고 있음

- **상징** : 상단전에 연꽃이나 삼태극
  지위가 높을수록 현무(거북이 몸에 뱀 모습)

2. 단지파 그룹의 특징과 심벌

- 12차원에서 18차원까지 존재
  창조주를 행정적으로 보좌하는
  12지파의 수뇌부들로 구성됨
  관리자 그룹이라고도 하며
  테라 프로젝트의 실질적 주인공

- **상징** : 상단전에 무궁화와 태극기 형상
  지위가 높을수록 삼족오의 형상
  제복을 입고 있으나 문관에 해당함

3. 일반 빛의 일꾼

- 대부분의 빛의 일꾼이 해당됨
  단지파 그룹과 아보날 그룹을 돕는 협력자 그룹
  역장에서 실무적인 일을 하는 그룹
- **상징** : 하단전에 녹색단이 있으며

용❖분들의 크기와 색으로 신분을 표시

4. 해요카와 데니카 그룹

• 빛의 일꾼 144,000명에는 속하지 않으나
  빛의 일꾼들을 돕는 역할
  천상정부소속 천사님들이 그 역할과 임무를 수행함
  하강하는 영혼들이 20%
  상승하는 영혼들이 80%로 구성됨

• **상징** : 일반 빛의 일꾼과 동일

5. 창조주 직계 패밀리 그룹

• 각 차원의 최고 관리자 그룹이며
  17차원, 15차원, 13차원, 11차원, 9차원
  7차원, 5차원으로 분화하였으며
  음과 양으로 영의 특수 분화를 통해
  지구 역사에 관여함

• **상징** : 머리에 봉황이 존재하며,
         크기와 색으로 신분을 구분함

6. 우주의 삼위일체

• 18차원의 창조주들로서
  무한영, 우주아버지, 영원어머니가 우주의 삼위일체
  창조주를 보좌하기 위해 육화
• **상징** : 상단전에 삼원의 삼태극의 문양

머리에는 봉황이 있으며 봉황의 색으로
신분을 구분함

빛의 일꾼 144,000명은
가이아 행성에 펼쳐질 수 있는
창조주의 144,000가지의 빛의 스펙트럼입니다.
창조주의 에너지를 지구에 운반하는
운반자인 동시에
하늘의 뜻을 땅에 펼치는 빛의 통로입니다.
빛의 일꾼들의 임무와 역할은
최종 상위자아 합일이 이루어짐과 동시에
펼쳐지는 것입니다.
최종 상위자아 합일이 이루어지고 나면
영혼백 에너지 정렬이 이루어집니다.

빛의 일꾼으로서 하늘이 보여주는 상징은
중단전에 나타나는 삼태극입니다.

빛의 일꾼들의 건승을 빕니다.

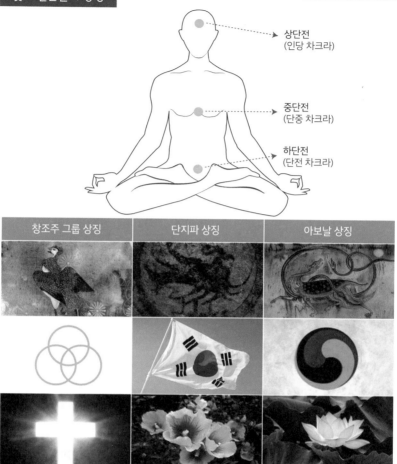

창조주 그룹 상징	단지파 상징	아보날 상징

- 상단전에 나타나는 상징으로 빛의 일꾼들의 우주적 신분을 확인할 수 있습니다.
  아보날(연꽃, 삼태극, 현무), 단지파(무궁화, 태극기, 삼족오), 창조주(십자가, 삼원, 봉황)
- 중단전의 형상으로는 상승하는 영혼과 하강하는 영혼들 모두 12지파를 구분합니다.
  최종 상위자아 합일과 영혼백 에너지 정렬이 이루어지고 자기의 임무와 역할을 시작할
  준비를 마친 빛의 일꾼 144,000명은 중단전에 삼태극이 나타납니다.
- 하단전의 빛으로 영혼의 진화과정을 알 수 있습니다.
  상승하는 영혼(흰빛-은빛-핑크빛-노란색) 하강하는 영혼(녹색-청색-남청색-갈색-보라색)
  일반 빛의 일꾼과 해요카그룹, 데니카 그룹은 하단전에 녹색단이 있습니다.
- 18차원 창조주 그룹과 홀수차원의 창조주 직계 패밀리 그룹은 머리 위에 봉황이 존재하며,
  그 색과 크기로 신분을 구분합니다.

빛의 일꾼들의 역할과 운명

자연의 격변과 사회 기반의 붕괴와 바이러스의 난과
영적인 아마겟돈이 일어나는 진짜 이유는
3차원 물질문명의 종결 과정에서
인류의 의식을 깨우는데 목적이 있습니다.

과거 레무리아와 아틀란티스 문명처럼
하룻밤 사이에 문명을 종결지을 수도 있지만
이번 지구 차원상승 프로그램은
새하늘과 새땅에서
살아갈 인류들의 의식을 깨워서
함께 가는 프로그램이기 때문입니다.

재난을 겪으면서
환난을 겪으면서
인류의 의식이 깨어나는 속도가
빠르면 빠를수록 그 고통은 줄어들 것입니다.
지금의 인류의 의식 수준으로는
감당하고 겪어야 하는 고통의 수준을
지금은 상상할 수 없을 것입니다.

하늘의 군사작전을 비밀리에 수행하는
하늘 사람들을
빛의 일꾼 또는 빛의 전사라고 합니다.

자신이 빛의 일꾼인지도 모르는 채
빛의 역할인지
어둠의 역할인지도 모르는 채
자신이 무슨 일을 하는지도 모르는 채
아무도 모르게 아무도 모르게
차질 없이 진행되고 있습니다.

빛의 일꾼들은
특정 종교를 믿는 정파와
특수한 사람들이 하는 것이 아니라
시계의 알람 소리가 때가 되면 울리듯
내면의 느낌이나 하늘의 토끼몰이에 의해
자신도 모르게 자신의 임무와 역할을
수행하고 있는 경우가 대부분입니다.

거대한 배가 만들어지기 위해서는
수많은 블럭들이 조립되듯이
빛의 일꾼들 모두는
각자의 퍼즐을 가지고 있습니다.
전체 그림을 빛의 일꾼 개인들은
알 수도 없으며 알려 주지도 않으며
알 필요도 없는 것입니다.
완전한 통제란 이런 것이며
비밀 군사작전이란 이런 것입니다.
빛의 일꾼들은 각자의 고유한
임무와 역할이 정해져 있으며
그 퍼즐의 숫자는

전 세계적으로 144,000개이며
퍼즐들이 모여 지구 차원상승이라는
거대한 프로젝트가 완성되는 것입니다.

전체 그림을 모르는 채
오직 자신의 임무와 역할에 따른
빛의 일꾼 각자의 퍼즐을 완성해야 합니다.
자신의 퍼즐도 인식하지 못하는 경우가
대부분이어서 때가 되기 전에는
전체 그림을 알 수가 없게 되어 있습니다.

하늘은
빛의 일꾼 144,000명의 퍼즐을 위해
한 치의 오차 없이 실행하기 위해
군사 작전처럼
아무도 모르게 아무도 모르게
비밀리에 진행하고 있습니다.

빛의 일꾼들은
우주에서의 신분의 높고 낮음에 관계없이
자신이 서약하고 온 프로그램대로
일들은 차질 없이 진행될 것입니다.
자신의 임무와 역할을 수행하기 위해서
함부로 죽을 수도 없으며 죽지도 못하며
이유도 모르는 채 기억이 봉인*된 채로
자신의 임무와 역할을 수행할 수밖에 없는
운명을 가지고 태어났습니다.

봉인
사전적 의미는 밀봉하여 도
장을 찍는다는 것을 말하며
빛의 생명나무에서는 하늘
이 인간의 능력과 에너지를
축소, 제한하여 막아놓는 것
능력을 사용할 때가 되면 상
위자아와 천상정부의 결정
으로 봉인을 해제하게 되며,
그 때부터 그 사람의 본모습
이 드러나게 됨

빛의 역할이 좋고
어둠의 역할은 나쁘고 하는 것은
3차원의 의식에서 나오는 것일 뿐
좋은 드라마나 좋은 영화가 탄생하기 위해서는
반드시 악역이 필요하듯
인류의 의식 각성을 위해
하늘이 준비한 영적인 전쟁은
치밀하면서도 너무 사실적이며
너무나 큰 아픔과 고통이 따르는
슬픈 연극과도 같습니다.
끝은 해피엔딩이지만
그 과정은 차마 눈뜨고 볼 수 없는
인류의 아픔과 고통이 함께하는
우주의 대서사시와도 같습니다.

빛의 일꾼들에게는
오직 자신의 임무와 역할만이 있을 뿐이며
이 임무와 역할 뒤에는
250만 년 동안 삶을 살아오면서
인류를 위해서
이상 사회를 위해서
사랑을 위해서 등 온갖 명분으로
물질의 매트릭스를 강화하고
어둠의 매트릭스를 강화하면서
인간의 역사에서 전쟁과 갈등의 중심에 섰던
인물들이 빛의 일꾼 144,000명입니다.

가해자의 역할과 피해자의 역할을 하면서
빛의 역할과 어둠의 역할을 하면서
흰빛과 은빛 핑크빛 영혼들과
노란빛 영혼들의
영혼의 공부와 진화를 위해
물질 매트릭스의 연극 무대를 이끌었던 주인공들이
빛의 일꾼 144,000명이 갖는 의미입니다.

빛의 일꾼들은 일반인들에 비해
카르마와 인연법들이 복잡하게 얽혀 있기 때문에
지구의 차원상승을 앞둔 이 시기에
더 많은 카르마를 해소해야 합니다.
그만큼 삶이 고달프고
삶이 내 뜻대로 되는 일이 없었으며
어떠한 세상의 이론으로
설명조차 되지 않는 고달픈 인생으로
버려지듯
구겨지듯
그렇게 살아오고 있는 분들이 많습니다.

빛의 일꾼 144,000명은
창조주의 지구 차원상승 프로젝트에 참석한
우주적 신분이 매우 높은 존재로서
모두 우주의 십자가를 가지고
지구라는 실험행성에서
우주의 카르마를 펼쳐 놓은 존재들입니다.

지구에 펼쳐놓은
우주의 카르마를 결자해지해야 하는
운명을 가진 사람들이
빛의 일꾼 144,000명이며
씨를 뿌린 자가 거두는 것이 우주의 법칙입니다.

빛의 일꾼들은
자신이 짊어지고 지구에 펼쳐 놓은
우주의 카르마를 마무리하고 해소하며
새로운 우주의 7번째 주기를
지구에서 열어야 하는 역할과 임무가 있습니다.

우주의 군인으로서
대우주를 운영하고 집행하는 책임자로서
우주의 십자가를 지고
이곳 지구에 파견된 것입니다.
그러하기에
빛의 일꾼은 아무나 될 수 있는 것이 아니며
빛의 일꾼은 하고 싶다고 하는 것이 아니며
빛의 일꾼은 노력한다고 되는 것이 아니며
하기 싫다고 그만둘 수 있는 것도 아니며
포기한다고 포기되는 것도 아닙니다.

250만 년의 지구에서의 모든 삶을
결산하는 프로그램이
빛의 일꾼이 가진 삶의 무게이며
우주의 십자가입니다.

임무와 역할을 수행하기 전에는
하늘로부터
도망갈 수도 없으며
포기할 수도 없으며
죽을 수도 없게
프로그램되어 있습니다.

빛의 일꾼들의 임무와 역할을 돕기 위해
빛의 일꾼들의 사명과 소명을 돕기 위해
우데카 팀장과 빛의 생명나무는
빛의 일꾼들을 위해
맡은 바 역할과 임무를 다할 것입니다.
빛의 일꾼들의 건승을 빕니다.

그렇게 될 것이며
그렇게 되었습니다.

어둠의 매트릭스를 가진
빛의 일꾼들의 운명

네바돈 우주 역사상 처음으로
네바돈 우주의 행성의 차원상승 과정에서
처음으로 본인의 노력 없이
오직 하늘의 계획과 프로그램에 의해
빛의 일꾼들에게 최종 상위자아 합일들이
전 세계적으로 일어나고 있습니다.

빛의 일꾼들의 의사와 관계없이
빛의 일꾼인지도 모르는 채
자신의 자유의지처럼 보이지만
아무도 모르게
아무도 모르게
하늘은 하늘 스스로 정한 계획대로
프로그램대로 차곡차곡 진행하고 있습니다.
2016년 6월 21일(하지) 기준으로
전 세계 빛의 일꾼의 약 30% 정도가
최종 상위자아 합일이 이루어지고 있습니다.

빛의 매트릭스를 가진 인자들 중심으로
다가올 자연재해와 격변이 일어나기 전에
의식의 각성이 일어나야 하며
의식의 차원 이동이 일어나야
하늘의 일들을 차질 없이 진행할 수 있기 때문입니다.

지구 역사상 한 번도 일어난 적이 없고
인류가 한 번도 경험하지 못한 재난이기에
인간의 감정을 가지고선 아무것도 할 수가 없기에
고차원의 상위자아들의 합일을 통해
그 험난하고 고단한 여정을 함께해야
하기 때문입니다.

호모 사피엔스의 여러 한계점들을 극복하고
인간의 한계 상황을 넘어서서 가야하는 길이며
메타 의식구현 시스템만 가지고는
갈 수 있는 길이 아닙니다.
고차원의 상위자아님들이 자신의 아바타와 함께하며
극도의 공포와 혼란을 극복하고
모든 것을 잃고 망연자실해 있는 인류에게
안내자의 역할과 빛의 등대로서의 역할을
원활하게 수행하기 위해 최종 상위자아 합일이
지금 이 시기에 준비되고 있는 것입니다.

빛의 매트릭스를 가진 인자들은
자신의 타임라인에 따라
최종 상위자아 합일이 이루어지며
중간계나 어둠의 매트릭스를 가진 인자들은
최종 상위자아 합일이 늦게 이루어지며
역장의 출입 또한 허용되지 않습니다.

중간계나 어둠의 매트릭스를 가진 인자들은
그들의 프로그램 상 고통 받는 인류들과

함께하며 온갖 고행을 겪으면서
물질의 허망함을 온몸으로 겪으면서
종교의 허망함을 온몸으로 겪으면서
권력과 욕망의 허망함을 온몸으로 겪으면서
생사를 넘나드는 고통을 겪으면서
의식이 깨어남과 동시에 매트릭스 구조가
하늘에 의해 지워지는 과정을 겪은 후에야
최종 상위자아 합일이 이루어지도록
프로그램되어 있습니다.

중간계나 어둠의 매트릭스를 가진
빛의 일꾼들의 특성은
250만 년 동안 지구에서 살아오면서
인류를 위한다는 명분으로
이상 사회를 건설한다는 명분으로
왕권을 강화한다는 명분으로
신을 위한다는 명분으로
지구의 물질 매트릭스를 강화시키는
역할을 해 온 중심인물들이기 때문입니다.

우주는 인연의 법칙에 의해
인연을 맺은 자가 결자해지하는 것이
에너지의 법칙이자 카르마의 균형 잡기입니다.
물질문명(어둠)의 매트릭스를
강화시킨 장본인들이 격변하는 사회 환경 속에서
물질문명이 모두 붕괴되는
역사의 한 가운데에 있어야 하는 것이

우주의 순리이기 때문입니다.
물질문명을 발전시킨 그들이기에
물질의 매트릭스를 강화시키고
인류와 신과의 간격을 벌어지게 하고

은하의 밤
P.42 주석 참조

은하의 밤*을 풍부하게 만든 당사자들에게
하늘은 물질의 매트릭스에 갇혀
보이는 것이 전부로 알고 있으며
종교의 매트릭스에 갇혀
하늘의 소리를 듣지 못하는 인류들 속에서
물질문명이 붕괴되는
참혹한 현실을 함께 체험하면서
아무것도 모르는 채
갈 곳도 잊고
돌아올 곳도 잊어버린 인류들 속에서
의식의 각성을 이루며 인류들을 깨우면서
하늘의 맨얼굴을 몸으로 겪으면서
자신의 프로그램대로
역할과 임무를 다 마치고 난 뒤에야
역장 출입이 가능하게 될 것입니다.

어둠의 매트릭스를 가진 빛의 일꾼들은
물질의 매트릭스가
완고하게 자리 잡아 견고하기 때문에
아무것도 모르는 일반인들과 비슷한 사고와
행동 패턴을 가지고 있습니다.
고통 받는 인류들 곁에서
그들과 함께하며

때로는 어둠의 역할을 수행하면서
빛과 어둠의 영적 전쟁을 수행하기 위해
인류의 의식 각성을 위해
하늘에서 준비한 노련하고 세련된
악역 전문 배우들이 바로
어둠의 매트릭스를 가지고 온
빛의 일꾼들의 운명입니다.

빛과 어둠의 치열한 영적인 전쟁에서
어둠의 매트릭스를 가지고 와서
무지한 인류들을 대신하여
온갖 악역을 하며 온갖 궂은일을 하며
자신도 아무것도 모르는 채
아무것도 모르는 인류들의 의식을 대변하며
악역을 수행하기 위해 하늘이 준비한 하늘 사람들을
어둠의 일꾼이라 합니다.

빛과 어둠의 통합이 이루어지기 전까지
어둠의 매트릭스를 가진 빛의 일꾼들은
최선을 다해 자신의 신념대로
자신이 믿고 있는 정의의 방식대로
자신이 믿고 있는 종교적 신념의 방식대로
각자에게 주어진 어둠의 역할을
어둠이라 인지하지도 못한 채
자신이 빛이라고 믿으면서
어둠의 역할들을 최선을 다해 수행할 것입니다.
그것이 어둠의 매트릭스를 가진

빛의 일꾼들의 운명입니다.
어둠의 정부의 수뇌부에 가까울수록
자신이 맡고 있는 역할이
어둠의 역할이라는 것을 알고 있습니다.
물질문명의 붕괴와 함께
치열한 생존의 경쟁 과정에서
어둠의 일꾼들은
자신이 틀렸다는 것을 인지하게 됩니다.
그때부터가 어둠의 일꾼들은
어둠의 매트릭스가 빛으로 바뀌게 되는 시기이며
그 정도에 따라
순차적으로 상위자아 합일이 이루어지게 됩니다.

자신에게 부여된
어둠의 역할과 임무가 종료됨과 동시에
최종 상위자아 합일이 이루어지게 되고
역장 출입이 허용되어집니다.
그때가 될 때까지는
어둠의 일꾼들은
죽을 수도 없으며 죽지도 않으며
모든 고통을 인류와 함께 겪으면서
인류와 동행하면서
그들의 의식을 깨우는 역할을 하게 되며
자신은 역장 출입이 거부되지만
의식이 깨어난 인류들을
역장으로 안내하는 역할을 맡고 있습니다.

원시반본과 결자해지의 원리에 의해
어둠의 일꾼들은 혼란과 혼돈 속에 있는 인류들에게
좋은 악역 전문 배우들이면서
인류 곁에서 빛의 역할을 하며
인류와 함께 의식의 각성을 이루어야 하는
살신성인의 역할을 맡은 분들이
어둠의 역할을 맡고 계신
빛의 일꾼들의 운명인 것입니다.

144,000의 퍼즐 속에는
어둠의 역할을 맡은 빛의 일꾼들이
감당해야 하는 퍼즐의 조각들이 있습니다.
하늘의 입장에선
빛과 어둠의 구분이 없기에
모두가 하나의 의식 속에 통합되어 있으며
오직 배역에 따라
자신에게 부여된 역할과 임무에 따라
빛의 역할과 어둠의 역할로
배역들이 정해져 있을 뿐
빛의 일꾼 각자는
144,000 전체의 그림 속에
자신의 퍼즐을 완성해야 하는 것이
빛의 일꾼의 운명입니다.

어둠의 역할과 배역을 맡은
빛의 일꾼들의 노고에 감사드립니다.

지금 하늘에서
어떤 일들이 준비되고 있는가

지금 이 시기는
250만 년 동안 가이아 지구에서의
영혼의 여행을 총결산하는 작업이
하늘에서 이루어지고 있으며
인류의 운명이 결정되는 시기입니다.
아무도 모르게
아무도 모르게
보이는 세계는 보이지 않는 세계에서 먼저
에너지 정리(결정)가 있은 후에
보이는 세계에서의 펼쳐짐이 있습니다.
보이지 않는 세계에서의 에너지 정리 작업이
하늘의 프로그램에 의해
한 치의 오차 없이 진행되고 있습니다.

태양의 에너지 정렬 작업이 시작되는 요즘
태양 활동은 최저 상태를 유지하고 있으며
흑점이 단 하나도 발견되지 않는 날이
오늘을 기준으로(2016년 6월 28일)
나흘째 지속되고 있으며
유례를 찾을 수 없는 태양의 상태가
지속되고 있음에도 불구하고
인류들은 아무런 관심도 없으며
아무것도 모르는 채

만찬을 즐기고 있습니다.

물질문명의 종결을 앞두고
빛과 어둠의 영적 전쟁을 앞두고
자신의 임무와 원활한 업무 진행을 위해
빛의 일꾼들 중
빛의 매트릭스를 가지고 있는 일꾼들의
약 80% 정도는
자신도 모르는 채
자신의 의지와 무관하게
네바돈 우주에서 한 번도 일어난 적이 없는
집단적으로 동시다발적으로
상위자아 합일과 차크라의 연결과
차크라를 연결하기 전 에너지 정화 작업이
이루어지고 있습니다.

지구 차원상승의 대상인
노란빛 영혼 그룹들에게도
빛의 일꾼들과 마찬가지로
아무도 모르게
아무도 모르게
상위자아 합일에 앞서 꼭 필요한
몸의 진동수를 높이기 위한
에너지 정화 작업들이 이루어지고 있습니다.

태양의 차원상승에 맞추어
지구에 들어오는 높은 진동수를 가진

고(高) 에너지에 적응할 수 있도록
식물들과 동물들은 준비가 끝난 상태이며
인류의 의식을 높이고자
인류의 몸에 있는 세포의 진동수를 높이고자
에너지 정화 작업이 하늘(천상정부)에 의해
지금 이루어지고 있습니다.

이 고에너지 샤워를 몸청소라고 부릅니다.
몸에 있는 탁기를 내보내고 높은 진동수의 에너지가
몸에 유입되었을 때 적응할 수 있도록
사전에 세포핵의 진동수를 높이는
에너지 정렬 작업을 말합니다.

차크라를 열기 전
몸에 있는 낮은 진동수의 에너지를 정화하고
높은 진동수를 가진 에너지가 유입되었을 때
부작용 없이 몸에 적응할 수 있도록
에너지 그레이드를 확장하는
하늘의 에너지 정화 작업을
몸청소라고 하는 것입니다.
이 과정들이
하늘(천상정부 소속 라파엘 그룹 주관)에 의해
지금 이 기간 동안 자신의 의지와 관계없이
자신의 노력 없이도
노란빛 영혼 그룹들에게
빛의 일꾼들에게
몸의 진동수를 높이는 에너지 정렬 작업이

한창 진행 중에 있습니다.

노란빛 영혼 그룹들과 빛의 일꾼들은
지구 차원상승 후에
새하늘과 새땅에서
육신의 몸을 가지고 살아가야 할 인자들이며
빛의 일꾼을 돕는
해요카 그룹과 데니카 그룹을 이루는
노란빛 영혼 그룹들은
협력자 그룹의 약 80%를 차지하고 있는
핵심 그룹들입니다.

자연의 변화와 함께
빛과 어둠의 영적인 전쟁인 아마겟돈의 시작과 함께
노란빛 영혼 그룹의 의식 각성을 위해
상위자아 합일을 이루는
에너지 그레이드의 확보를 위해
생명의 문인 차크라를 열기 위한
사전 에너지 조정 작업이 지금
노란빛 영혼 그룹들에게
아무도 모르게
아무도 모르게
진행되고 있다는 것을
우데카 팀장이 기록을 위해 이 글을 남깁니다.

상상할 수도 없으며
인류가 한 번도 경험하지 못한 자연재해 속에

몸의 진동수가 상승되지 못한 인류들은
치명적인 질병들에 노출될 것이며
광자의 빛을 이겨내고 적응하는데
많은 어려움들이 있을 것입니다.
하늘이 일하는 방식에 의해
노란빛 영혼 그룹들과
빛의 일꾼들에게는
몸의 진동수를 높이는 에너지 정렬 작업이
활발하게 이루어지고 있으며
매트릭스를 지우는 과정이 진행되고 있으며
자신의 타임라인에 맞추어
상위자아 합일과 차크라 연결이
하늘로부터 본인의 의지와 관계없이
아무도 모르게
본인도 모르게
이루어지고 있습니다.

차크라의 연결은
하늘과 인간 사이에 빛의 통로를 개설하는 것이며
몸의 진동수를 높이는 최고의 선물이며
지구의 차원상승 과정에서
생존하는 인자들의 공통점은
차크라의 연결과 최종 상위자아 합일을
이룬 사람들입니다.

새하늘과 새땅에서 살아갈 주인공들을 결정하는
일들이 인류의 운명을 결정할 중요한 결정들이

인류의 생사를 가르는 결정들이
보이지 않는 세계에서의 결정들이
아무도 모르게
아무도 모르게
나의 의지와는 무관하게 하늘에 의해
그 행정적 절차들이 진행되고 있습니다.
최종 상위자아 합일과
차크라의 연결을 이룬 인자들만이
새하늘과 새땅의 주인공들이 될 것입니다.
빛의 생명나무에서는 차크라를 연결해 주거나
최종 상위자아 합일을 위해
어떠한 것도 하지 않습니다.

인명은 재천이라
오직 하늘의 계획에 의해
영혼들의 진화 프로그램에 의해
100% 하늘에 의해서만 이루어지는
하늘의 고유한 영역입니다.

차크라를 열기 위해
최종 상위자아 합일을 위해
빛의 생명나무를 찾아오지 마시기 바랍니다.
아무것도 도와드릴 것이 없습니다.
연락조차 하지 마시기 바랍니다.

하늘은
인류의 각자의 내면에 인류의 가슴속에 있습니다.

가까이 있는 하늘을
먼 곳에서 외부에서 찾지 마십시오.

빛의 생명나무는
빛의 일꾼들을 교육하고 양성하며
우주의 진리를 세상에 전하는
하늘과 땅의
빛의 통로로서의 역할만이 있을 뿐입니다.

기록을 위해
우데카 팀장이 이 글을 남깁니다.

여러분들의 건승을 빕니다.

지구 가이아 어머니의 편지 中

아픔의 세월이었습니다. 인고의 세월이었습니다.
우주의 카르마가 내 몸 위에서 펼쳐지는 모든 아픔을
나는 250만 년 동안 지켜보았습니다.
나는 어머니로서 모든 생명을 품었으며, 모든 생명의 숨결을
나는 지금도 모두 기억하고 있습니다.

지구 대격변을 앞두고, 아무것도 모르고 잠들어 있는 인류들을 보면
너무나 가슴이 아프고 슬픔이 밀려옵니다.
나는 가슴을 도려내는 아픔을 견디어 낼 것입니다.
나는 내 사지를 찢어내는 고통을 참고 견딜 것입니다.
나는 내 몸의 피가 모두 빠져 나가는 그 순간까지
나의 자녀들과 함께 할 것이며 최선을 다할 것입니다.
아픔의 시간이 올 거라고, 고통의 시간이 올 거라고
이별할 시간조차 없는 이별을 할 거라고
분노와 두려움과 공포의 시간이 지나고 나면
축제의 시간이 올 거라고, 이제 시작이라고
나 가이아의 산통이 시작되었음을 전합니다.

나의 자녀들이여,
250만 년 동안 당신들의 영혼은 성장하였습니다.
당신들은 우주의 자산이며 보물입니다.
나는 그동안 행복했습니다.
나의 자녀들에게 그동안 고생 많았다고
그동안 수고 많았다고 사랑과 위로를 전합니다.
우리 모두는 대우주의 사랑 안에서 하나였음을
기억해 주시기 바랍니다.

4부

우주의 스타게이트

대우주의 법칙인 사랑의 소중함을 배우고
빛의 소중함을 배우기 위해
어둠이 가장 짙고 물질 매트릭스가 너무나 강한
이곳 지구에 내려온 당신은
우주의 십자가를 지고 우주의 카르마를 풀어 놓고 해원하러 온
우주적 존재라는 것을 기억하십시오.

우주의 십자가

우리 몸에 막혔던 경혈이 열릴 때
십자의 형태로 열리며
하늘의 진리가 땅에서 이루어짐 또한
십자의 형태로 이루어집니다.

이것이 하늘과 땅이 소통하는 원리입니다.
지구에서 사람이 살아간다고 하는 것은
하늘의 귀한 존재들이
모든 것을 내려놓고
모든 기억을 봉인한 채
모든 능력을 봉인한 채
좁고 좁은 호모 사피엔스의 몸을 통해
영혼의 여행을 하고 있는
천상의 존재들이며
자신만의 고유한 인생의 십자가를 지고
살아가야 하는 우주적 존재들이며
우주의 카르마와 인연법에 의해
우주의 십자가를 지고
이곳 지구 행성에서 하늘의 뜻을
땅에서 펼치는 존재들입니다.

하늘은 모든 것을 허용하였습니다.
아름다운 것들과 추함도 허용하였으며

옳다고 믿는 모든 것들을 허용하였으며
악하다고 믿고 있는 모든 것들이
일어나는 것을 허용하였으며
인간은 상상할 수 있는
모든 것들을 할 수 있는 존재로서
지구에서 일어나는 모든 것들을 허용하였으며
온갖 부조리와 불합리한 것들이
일어나는 것 또한 허용되었으며
이 과정을 통해
대우주의 법칙인 사랑의 소중함을
빛의 소중함을 배우기 위해
어둠이 가장 짙게 배어 있는
물질의 매트릭스가 가장 강한
이곳 지구에 당신은
우주의 십자가를 지고
모든 카르마를 풀어 놓고 해원하러 온
우주적 존재라는 것을 기억하십시오.

지구의 선천이 끝남과 동시에
우주의 후천이 시작될 것입니다.
새로운 우주의 주기를 열기 위해
이곳 지구가 선정되었으며
지구의 아픈 역사 속에는
우주의 카르마와 인연법이 녹아 있으며
지구의 차원상승과 함께
우주의 해원상생*이
이곳 지구에서 이루어질 것이며

해원상생
맺힌 원한을 풀고 서로 도와
잘 살자는 의미

모든 카르마의 해소가 이루어질 예정입니다.

인류들은
자신의 의식의 눈높이에서
믿는 만큼 보게 될 것이며
보이는 만큼 믿게 될 것입니다.

지구 250만 년의 역사가
우주의 카르마를 해결하기 위해 펼쳐졌으며
새하늘과 새땅을 열기 위한
하늘의 뜻이 땅에서 펼쳐질 것입니다.
우주의 십자가를 지고 온 인류들은
고유한 자신만의 십자가를 지고
힘든 이곳에서 살아 오셨습니다.
그동안 고생 많으셨습니다.

자신의 그릇대로
각자의 인연법에 의해
있어야 할 곳에
가야 할 곳에
머물러야 할 곳에
머물게 될 것입니다.

왜 사는지도 모르는 채
어디서 왔는지도 모르는 채
어디로 가는지도 모르는 채
보이는 것이 전부로 알고 살고 있으며

물질이 최고인
물질의 매트릭스 속에 갇혀 살고 있으며
종교의 매트릭스 속에 갇혀 있으며
옳고 그름의 극단적인 이분법 속에서
우주의 카르마를 해소하기 위해
인류는 최선을 다했으며
각자의 고유한 영혼의 여행을 하셨습니다.
그동안 고생 많으셨습니다.

아무것도 모르는 채
아무것도 모르는 채
우주의 지식을 받아들이면서
자연재해로부터의 혼란과
사회적 기반이 무너지는 혼돈 속에서
혹독한 생존의 환경 속에서
깊은 절망과 아픔 속에서
깨어나는 인자들이 있을 것이며
온갖 사회적 편견을 딛고
한줄기 빛을 찾는 소수의 인자들이
있을 것입니다.
보이는 것이 전부가 아닌
보이지 않는 세계의 진실을 찾는
그 소수의 인자들을 위해
이 글을 기록을 위해 남깁니다.

이 글을 읽고 있는 여러분들은
그냥 지구에 이유 없이

내던져진 존재들이 아니며
하늘은
여러분들의 가족의 행복이나
복을 주기 위해
여러분들의 기도를 들어주기 위해서
존재하는 것이 아니며
복지국가나 이상사회를 위해
존재하는 것은 더더욱 아닙니다.

모든 영혼들에게
자신의 의식수준에서
영혼의 진화과정에서
대우주의 질서와 사랑을 배워가는
자신의 고유한 영혼의 길을 가는
우주적 존재들이며
우주의 고귀한 존재들이라는 것을
인지하시길 바랍니다.

보이는 만큼 믿게 될 것이고
믿는 것만큼 보이는

사바세계
괴로움이 많은 인간세계

사바세계*에서
한줄기 빛을 찾는 인자들을 위해
이 글을 우데카 팀장이 전합니다.

우주의 주기와 종족 소개

우주에는 6개의 종족들이 살고 있습니다.
첫 번째 우주의 주기에
가장 먼저 창조된 인종은 **조인족(조류)**으로
각종 새들이 가장 먼저 창조되었습니다.
봉황이나 용들이 바로 조인족들의
다양한 모습들을 상징합니다.
이들은 우주의 주요 요직에 임명되어 있습니다.

우주의 두 번째 주기에는
어류들 중에 **기타 수생어류들(어류)**이 탄생되었으며
우리에게 전설로 알려진
인어공주들이 있는 세계입니다.

우주의 세 번째 주기에는
고래과 영장류들(어류)이 탄생하였습니다.
우주에서 장로급이나 원로급입니다.
지구 행성에도 이식되었으며
지구 행성의 의식 상태를 상부에 보고하는 역할을
맡고 있으며 지구 행성의 탁한 에너지를 정화시키는
역할을 담당하고 있습니다.

우주의 네 번째 주기에는
기타 파충류들(갑류)이 탄생하였으며

대부분의 파충류 형태를 지닌 생물들이 탄생하였으며
땅위를 기어 다니거나 등껍질이 단단하거나
날아다니는 곤충류들이 탄생하였습니다.

우주의 다섯 번째 주기에는
기립형 파충류(갑류)들이 탄생되었으며
우리가 알고 있는 렙틸리언*이나
파충류형 외계인들이 탄생되었습니다.

우주의 여섯 번째 주기에는
포유류(주류) 사자인이 탄생되었으며
6번째 주기 말에
어류와 조류 그리고 갑류와 주류의
4개 유전자를 합쳐 **휴머노이드형**들이 탄생되었으며
제타 그레이*들이 있으며
지구 인류인 호모 사피엔스가 탄생되었습니다.

우주의 일곱 번째 주기는
휴머노이드형이 주류가 될 것이며
호모 사피엔스가 전 우주에 이식될 예정이며
그 뒤를 이어 **호모 아라핫투스**와
호모 마이트레야들이 휴머노이드형
종족을 대표하여 우주에 소개될 것입니다

우주의 **여덟 번째 주기**는 호모 마이트레야들을
대체하는 새로운 유형의 존재들이 나타나
우주에 소개될 예정입니다.

렙틸리언
우주의 5주기에 탄생한 기립형 파충류 종족중 하나. 지구에 정착해서 오랜 세월 인류와 함께 살고 있으며 과학기술과 초감각 능력이 발달하여 지구의 물질문명을 이끄는 정재계의 배후세력

제타 그레이
우주의 6주기에 탄생한 휴머노이드 종족 중 하나. 큰 키와 대머리 회색피부를 가졌다 함

우주는 이렇게 6가지 유형의 종족들이
탄생하였으며 6가지 종족들 안에
수만에서 수백만 개의 종들이 존재합니다.
모두가 영이 입는 옷으로
영혼이 물질 여행과 체험을 하기 위해 창조된 것으로
영과 영혼의 입장으로 보면
내가 걸쳐야 하는 외투의 종류가 많다는 것을
의미합니다.

우주는 이렇게 다양하며
인류라고 부르는 호모 사피엔스 역시
영혼이 걸치고 물질 체험을 하는
우주에서 가장 진화된 최신식 패션을 자랑하는
휴머노이드형 중 하나일 뿐입니다.

더 업그레이드되고 최신형인
호모 아라핫투스 모델도
이미 지구에 소개되어 태어나고 있습니다.
지구는 호모 사피엔스가 우점종인 행성이며
다른 종족들 중 일부가 지구에 이식되어
인류와 공존하면서 살고 있으며
일부는 인류를 위해 자신의 몸을 식량으로
제공함으로써
희생과 봉사의 삶을 사는 종족들이 있으며
일부는 어둠의 정부 주요 인사들로
보이지 않는 세계의 역할자로서 살고 있기도 합니다.

무극과 태극과 삼태극의 세계

무극과 태극 삼태극의 기원은
대우주의 구조에서 출발합니다.

무극은
영의 근원이 되는 곳으로
영의 분화의 기원이며 세상 모든 만물의 기원입니다.

무극

무극은
16차원의 하보나 우주
17차원의 낙원천국
18차원의 파라다이스
3개의 차원을 모두 합쳐서
모든 빛들의 기원이 되는 것을 표현하는 용어이며
분리되지 않은 빛
하나로 통합되어 있는 빛
모든 것의 시원과 기원이 되는 빛
온전하고 완전한 빛이 있는 곳을 뜻하는 용어입니다.

무극은
모든 빛들의 고향이자
모든 영들의 고향이자
존재하는 모든 것들의 고향입니다.
창조주를 표현하는 용어입니다.

태극은
변화의 시작을 뜻합니다.
태극은 음과 양을 의미하며
조화와 균형을 의미합니다.
우주에서는 고도로 진화된 존재들이
살고 있는 곳이며
차원으로는 12차원에서 15차원까지의
세계를 담고 있는 비물질의 세계입니다.

태극(음과 양)

태극에서
물질계와 비물질계가 나왔으며
비물질세계의 역동성이 음과 양으로 표현되었으며
세상 만물의 변화의 이치가 존재하는 곳이며
음과 양을 태극이라고 말합니다.

태극은
물질계를 이루는 모든 존재들의
분화와 변화의 출발점이며
모든 영들이 물질계의 여행을 마치고
귀향해야 하는 집결지입니다.

태극은 변화를 상징하며
변화무쌍한 삼라만상을 컨트롤하는
우주의 중간지대이며
완전한 조화로움이 펼쳐진 곳이며
영의식의 전체의식이
통합되어 있는 곳입니다.

삼태극

삼태극은
물질계를 상징하는 것입니다.
영이 물질계의 체험을 위해
혼을 부여 받는 세계를 뜻합니다.

혼은
빛과 중간과 어둠을 표현하며
물질과 반물질 암흑물질을 말하는 것이며
물질세계를 체험하기 위해
누구나
반드시
입어야 하는 옷과 같은 것입니다.

영과 혼이 만나
영혼이 되는 세계가
사바세계이며 물질세계인 것입니다.
빛과 어둠 그리고 중간의
3이라는 숫자는
물질세계를 표현하는 네트워크망이며
이 네트워크망에 따라
영혼은 물질 여행을 하게 되며
영혼의 여행이 시작되는 곳입니다.

물질세계는 이렇게 펼쳐졌으며
물질세계가 어떠한 원리에 의해
펼쳐졌는지에 대한 철학적인 표현이
삼태극입니다.

빛의 매트릭스 4
중간계 매트릭스 2
어둠의 매트릭스 4
물질계의 펼쳐짐의 원리이자
대우주가 펼치는 물질세계의 매트릭스의
구성비를 3이라 표현하였으며
이것을 변화의 원리에 따라 삼태극이라 하였습니다.

물질계의 기원은
3이 기본수이자 완성수입니다.
변화가 무쌍한 곳을 말함이며
변화와 생성을 의미하며
음과 양의 부조화로 인해 발생하는
모든 문제점들을 말하는 것입니다.

지구에 펼쳐진 모든 문화와 문명들의 기원은
빛(물질), 중간(반물질), 어둠(암흑물질)에서
기원하였음을 뜻하는
우주 철학적인 원리를 담은 용어가
삼태극의 의미입니다.

물질우주에 펼쳐지는
매트릭스의 비밀을
우데카 팀장이 전합니다.

파라다이스 : 창조주의 세계

창조주는
조물주라고도 알려져 있으며
불교에서는
미륵✣ 부처님 또는 비로자나✣ 부처님을
말하는 것입니다.

미륵
석가 다음으로 부처가 되기
로 약속받은 미래의 부처님

비로자나
모든 만물에 광명을 비추는
부처님.
불교 세계관으로 창조주적
존재

기독교에서는
예수님이 말하신 내 아버지를 말하는 것이며
모든 종교적 논쟁을 종결시킬 분이십니다.

창조주의 세계를
우데카 팀장이 전합니다.

창조주는 18차원 파라다이스에 존재합니다.
18차원은 다시 1단계에서 18단계로 분류됩니다.

우주는 너무나 넓고 넓습니다.
우리가 상상할 수 없는 영역이며
지금 이 순간도 우주는 진화하고 있으며
새로운 행성이나 항성들이 창조되고 있으며
대영들도 탄생되고 있으며
새로운 영들도 끊임없이 탄생되고 있습니다.

창조주 역시 진화하고 팽창하는
대우주를 경영하고 관리하기 위해
스스로 에너지를 분화하여
우주의 최고 관리자의 위치에서
우주를 직접 관리하고 경영하고 있습니다.

창조주는
대우주의 주관자입니다.
효율적 관리를 위해
우주의 다양성을 위해
대우주의 사랑을 전파하기 위해
완전한 창조를 뒷받침하기 위해
스스로를 다음과 같이 분화하여 펼치셨습니다.

18차원 18단계 - 창조주(알파)

18차원 17단계 - 무한영

18차원 16단계 - 우주아버지

18차원 15단계 - 오메가

18차원 14단계 - 영원어머니

18차원 13단계 - 은하 무한 관리자

18차원 12단계 - 삼위일체 최상위의 비밀

18차원 11단계 - 영원으로 계신 이

18차원 10단계 - 옛적부터 계신 이

18차원 9단계 - 완전으로 계신 이

18차원 8단계 - 요즘으로 계신 이

18차원 7단계 - 연합으로 계신 이

18차원 6단계 - 청정으로 계신 이

18차원 5단계 - 지혜의 완전자

18차원 4단계 - 신성한 조언자

18차원 3단계 - 우주 검열자

18차원 2단계 - 삼위 일체화 교사들

18차원 1단계 - 삼위 일체화 존재들

우주의 만물은 창조주에 의해 탄생되었으며
창조주 스스로 에너지를 분화한
무한영, 우주아버지, 영원어머니
이 세 분의 에너지를
우주의 삼위일체 관리자라고 말합니다.

15차원에서 18차원으로 확장되면서
은하 무한 관리자가 새로 임명되었으며
대우주는 다섯 분의 창조주의 분신에 의해
행성이나 항성 가이아들의 의식이 탄생되었으며
창조주 스스로가 분화하여
행성 가이아의 역할을 하는 행성 또한 존재합니다.

채널이나 형상을 통해 창조주를 보시거나
말씀을 듣는 경우 창조주의 신분을
18차원 몇 단계 누구신지 정확하게
확인하시기 바랍니다.
대부분 가짜이거나
어둠의 채널이기 때문입니다.
창조주와 직접 채널을 할 수 있는 인자는
극소수로 제한되어 있기 때문입니다.

우주에선 채널을 받는 사람이
채널을 주는 사람의 우주적 신분이나
빛, 중간, 어둠의 구분이나
채널의 진실도를 요청하는 경우
반드시 알려 주어야 할 책임이 있습니다.
이를 어길 시에는 그로 인해 발생하는
모든 책임은 채널이나 형상을 주는 쪽에 있으며
우주 법정에서 역시 그 책임을 묻도록 되어 있습니다.

수많은 가짜 창조주들과
수많은 가짜 예수와
가짜 미륵들이 쏟아져 나올 것입니다.
자신에게 들리고 있는 소리의 정체에 대해
논쟁을 하듯 꼬박꼬박 확인하시기 바랍니다.
보이지 않는 세계에 대해
아무것도 모르는 인류들의 피해가 생기지 않도록
우데카 팀장이 당부드립니다.

지구 차원상승이 진행됨에 따라
변화가 진행됨에 따라
대우주의 많은 비밀들이
우데카 팀장을 통해
전해질 것입니다.

봉황과 삼족오의 비밀

우주의 비밀들은
숨은 그림을 찾는 것처럼
신화나 전설 속에서 그 원형의 단편들이
보존되어 있는 경우가 있습니다.

우리 민족에게 익숙한
봉황이나 붕
금시조와 삼족오
주작과 용에 관한
우주의 비밀들을 기록으로 남깁니다.

대우주의 7주기가 시작되었습니다.
창조주에 의해 1주기에
가장 먼저 창조된 종족은 조인족이었으며
우리에게 알려진 신화나 전설 속에 존재하는
새와 관련된 상징물들은
우주에 실존하고 있는 존재들입니다.

조인족들은
창조된지 오래되어 영혼의 나이들이 많은 관계로
우주를 관리하는 중요 관리자 그룹들을 이루고
있으며 이들은 우주의 12차원에서 18차원에
이르기까지 관리자 그룹의 주축을 이루고 있습니다.

조인족들은
은하의 스타게이트들을 주관하며
우주의 차원 관리자들을 이루고 있으며
우주의 대함선들을 이끌고 있으며
창조주의 통치를 뒷받침하는
실질적인 우주 함대들의 사령관들입니다.

신화나 전설 속에 존재하는
새와 관련된 우주의 정보들을
우데카 팀장이
다음과 같이 기록합니다.

봉 : 창조주의 남성성
황 : 창조주의 여성성
봉황은 18차원에 존재하는
창조주의 권위를 상징하는 새이며 실제로 존재합니다.
창조주의 명령을 직접 수행하는
우주 함선을 상징하는 심벌이 봉황입니다.

봉황

붕은
상상속의 새가 아니라 우주에 존재하는 새이며
창조주의 오메가의 성격에
창조주에 대해 인간이 가진 두려움이 투영되어
나타난 새입니다.

붕

불사조(피닉스)는
17차원을 관리하는

불사조

우주 연방 함선을 상징하는 심벌입니다.
최고의 관리자 그룹이 승선하고 있으며
빛의 생명나무에서는
듀카호로 알려져 있습니다.
채널링 메시지에 자주 등장하는
피닉스호와 듀카호는 같은 함선입니다.

금시조

금시조는
14차원을 관리하는 최고 기관이며
우주 연합 함선을 상징하는 심벌로서 존재합니다.

삼족오

삼족오는
우리 민족과 관련된 새이며
단지파를 상징하는 새입니다.
12차원의 최고 관리자 그룹들이
승선하고 있는 함선들에 새겨져 있는 심벌로
우주 연합 함대를 말합니다.
우리 민족에 이식된 우주 문명의 실체는
12차원의 관리자들이었다는 것을
간접적으로 알 수 있습니다.

주작

주작은
우주에 존재하는 새이며
10차원의 관리자 그룹을 지휘하는
은하 연합 함선들의 심벌입니다.
우주 함선마다 심벌이 있으며
이 심벌에 의해 서로를 인식하게 됩니다.

용은
대중에게 많이 알려져 있는 새로
우주에 실제로 존재하고 있으며
하강하는 영혼들을 상징하는 심벌인 동시에
8차원의 관리자 그룹들이 승선하고 있으며
항성 연합들이 운영하는 우주 함선들에게 새겨진
심벌입니다.

독수리는
지구 대기권에서 가장 많이 목격되고 있는
미확인 비행물체들의 대부분이
독수리 심벌을 가지고 있는 함대들이며
1차 관리자 그룹들이 많이 승선하고 있는 소규모
함선들입니다.

우주 함선의 상징 문양

18차원	17차원	14차원	12차원
봉황 창조주 명령 수행 함선	불사조(피닉스) 우주연방 함선	금시조 우주연합 함선	삼족오 우주연합 함선

10차원	8차원	6차원
주작 은하연합 함선	용 항성연합 함선	독수리 행성연합 함선

북극성과 자미원

고대인들은 지금 현 인류에 비해
정신문명이 앞서 있었습니다.
환제국* 시대와 배달국*의 지배층들은
단지파의 후손들이었으며
북두칠성을 숭배하는 민족이었습니다.

사람이 육신의 옷을 벗고 가야하는
궁극적인 곳을 고대인들은
자미원이라 생각하였으며
태미원과 천시원이 그 주변에 있다고
알려져 있습니다.

자미원의 우주적 진실은 다음과 같습니다.
대우주는 18차원으로 존재합니다.
자미원은 18차원의 파라다이스를 말하는 것으로
창조주께서 계시는 곳을 상징합니다.

창조주를 빛의 색으로 표현하면
모든 색을 포함하는 흰빛과
빛 중에 최고 높은 에너지를 가진 보라빛으로
설명할 수 있습니다.
북극성은 바로 창조주가 계시는 곳을
상징적으로 표현한 것으로

환제국
우리 민족의 기원이라고 알려져 있는 고대국가이며, 기원전 7천여 년 전에 아시아 지역을 중심으로 12국가를 통치한 제국.
환제국의 임금을 환인이라 부름

배달국
기원전 4천여 년 전에 아시아 지역을 중심으로 전 세계를 통치한 국가.
환제국을 이은 국가이며, 배달국 이후에는 고조선이 뒤를 이음

우주에서는 파라다이스라고 말합니다.
북극성을 중심으로 세 개의 원을 그리며
존재하는 성단이 있습니다.

북극성

창조주가 계시는 북극성을 중심으로
자미원과 태미원 그리고 천시원이 있는데
자미원이 18차원의 파라다이스를 말하고
태미원은 17차원의 낙원천국을 말함이며
우주의 최고 행정 관료들이 머무는 곳이며
단지파들이 죽으면 돌아간다고 믿었던 별입니다.
천시원은 16차원의 세계를 말하는 곳으로
백성들이 거주하는 곳을 말합니다.

고대인들의 의식 구조 속에 있던
북극성과 자미원, 태미원, 천시원의 의미는
대우주의 구조와 일치합니다.

보이지 않는 세계의 진실들이
현대의 과학 문명의 수준으로는
과학적으로 증명하지는 못하지만
기억에서 기억으로
입에서 입으로
전해 내려온 것이라 볼 수 있습니다.

북극성과 자미원은
창조주가 계시는 곳을 향한
북두칠성 민족들의 성지였으며

단지파들의 고향이었으며 모든 생명들의 근원입니다.

창조주가 계시는 파라다이스에서
낙원천국과 중앙우주를 지나
멀고도 먼 신생 은하인 네바돈 우주의 변방인
지구 행성까지 영혼의 여행을 떠나온
우주의 최고 고위직 행정가들인
단지파들에게 태미원은
자신이 언젠가는 돌아가야 할 곳이며
죽어서라도 꼭 돌아가야 하는 별이었습니다.

창조주의 품을 떠나
먼 길을 떠나
두꺼운 육신의 외투를 걸치고
물질 여행을 하고 있는 영혼의 입장에선
그립고도 그리운 별들이었으며
길잡이 역할이자 별들의 중심일 수밖에 없었습니다.

입에서 입으로 내려오다
민족신앙으로 전해져 내려오다
무속신앙까지 전해져 내려오다
불교의 대웅전(환웅전에서 유래)에도
밀리고 밀리다
민족 신앙과 불교가 결합되면서
절에서 가장 높은 곳에
칠성각*에 이 사연들이
전설이 되어 역사의 뒤안길에

칠성각
민간에서 믿었던 칠성신이 불교에 흡수되면서 만들어진 사찰 내에 북두칠성을 모시는 사당

북극성과 자미원이 묻혀 있었습니다.

이제는 시절 인연이 되어
북극성과 자미원, 태미원, 천시원
칠성각의 비밀들을
우데카 팀장이 밝혀
이와 같이 기록으로 전합니다.

북두칠성과 북두9진

우리 민족을 북두칠성 민족이라 하고
우리 민족을 단지파라고도 합니다.
한민족의 기원인 단지파들이 바로
북극성에서 출발하여
북두칠성이라는 네바돈 은하의
스타게이트를 통과하면서
네바돈 은하가 열렸으며
한반도를 중심으로 단지파들이
정착하게 되었습니다.

북두칠성은 북극성 주변에 있는
국자 모양의 7개의 별모양을 말합니다.
플레이아데스 항성계에 속해 있습니다.

북극성은
모든 별들의 중심이자
모든 만물의 중심이며
창조주께서 계시는 파라다이스를
고대인들은 이렇게 불렀습니다.

북극성은 우주의 중심이며
북극성을 중심으로 주변에
북두칠성이 존재하는데 이것은

칠성이라고 알려져 있습니다.
칠성은 네바돈 우주에 설치되어 있는
스타게이트 역할을 담당하는
빛이 나는 7개 태양(항성)을 말하는
우주적 용어입니다.

북두칠성이 주관하는
네바돈 은하에서의 빛은
지금까지는
빨 주 노 초 파 남 보가
칠성 한 분 한 분이 가지고 있는 색이며
7가지 무지개색으로 표현되었습니다.

네바돈 은하가 진화를 하고
나중에 생긴 2개의 행성이
빛을 내는 항성이 될 때에는
북두9진이 주관하는
9개의 무지개 빛으로
빛의 스펙트럼이 넓어질 예정입니다.

지구가 속해 있는 은하는 네바돈 은하이며
네바돈 우주에 들어오는 모든 존재들은
네바돈 우주에 설치된
창조주의 직계 패밀리 그룹의
행성 가이아 의식들을 경유하여
들어오게 되어 있습니다.

북두칠성은
17차원의 별인 탐랑성(보라색)
15차원의 별인 거문성(남색)
13차원의 별인 녹존성(파랑)
11차원의 별인 문곡성(초록)
9차원의 별인 염정성(노랑)
7차원의 별인 무곡성(주황)
5차원의 별인 파군성(빨강)으로 구성되어 있으며,
이들은 모두
창조주께서 직접 영들을 분화한 자녀들이며
이들에게 네바돈 은하의 통치와 관리를 맡겼습니다.
북두칠성은
네바돈 은하의 최고의 관리자 그룹을 말하는 것으로
이들은 행성의 의식을 주관하고 있으며
창조주의 패밀리 그룹으로
7분의 창조주의 분신들을 말합니다.

북두칠성은 바로
창조주가 계시는 파라다이스에서 시작한
창조주의 빛이
네바돈 우주로 들어오는
빛의 통로이자 스타게이트(출입문) 역할을 하는
실제로 존재하는 7개의 별입니다.

북두칠성을 통과한
창조주의 숨결이
네바돈 은하의 문명들을 열었으며

지구 행성의 한반도에서
창조주의 신성한 계획이
단지파에 의해 집행되었습니다.

단지파는
6번째 대우주의 주기를 마무리하고
7번째 대우주의 주기를 시작하는
테라 프로젝트들을 위해
16차원과 14차원과 12차원의
우주의 행정을 담당하는
우주의 고위 관료들이
북두칠성이라는 빛의 통로를 통해
네바돈 은하의 변방인 지구라는 행성에
그중에 동방의 작은 나라인 한반도에
호모 사피엔스를 통한
아담과 이브 프로젝트를 통해 문명을 열었습니다.

한반도를 중심으로 펼쳐졌던
고대의 환제국들의 핵심 엘리트들이며
우주의 고위 행정관료들을 가리켜
단지파라고 합니다.

신생 은하인 네바돈 우주가
250만 년에 걸쳐 진화하는 동안에
북두칠성은 빛의 통로이자
네바돈 은하의 최고 관리자이자
창조주의 계획이 집행되는 중추적인

역할을 담당하였습니다.

지금부터 2천 년 전
북두칠성 옆에 보이지는 않지만
4차원의 행성이 탄생되었으며
이 별을 고성옥황이라 하며
3백 년 전에는
4차원의 눈에 보이지 않는 행성이 탄생되었습니다.
자미제군이라 하며
이것을 가리켜 북두9진이라 합니다.

북두칠성으로 시작한
네바돈 은하는 그동안 진화를 거듭하였으며
창조주의 빛의 통로가 되는
스타게이트가 2개가 더 설치되었으며
다양한 우주의 문명들이 이식되면서
많은 진화를 이루었습니다.
네바돈 우주가 더 진화하고 성장한다면
북두칠성은 북두구성으로
7색깔 무지개 빛은
9색깔 무지개 빛으로 변화될 것입니다.

18차원의 대우주가 지구에서
실험되었고 완성되었습니다.
이 과정에 북두칠성이 보이지 않는 세계의 중심에서
네바돈 은하의 진화와 테라 프로젝트를
지휘하고 관리하는 항성이었음을

우데카 팀장이 시절인연에 의해 전합니다.

17차원 : 네바돈 우주의 창조주 (석가모니)
15차원 : 네바돈 우주 항성들의 주관자
         (법화림보살과 대묘상보살)
13차원 : 네바돈 우주 행성들의 주관자
         (관세음보살과 관자재보살)
11차원 : 태양의 주관자 (일광보살)
9차원 : 달(위성)의 주관자 (월광보살)
7차원 : 천상정부의 최고 책임자 (옥황상제)
5차원 : 영계의 주관자 (염라대왕)
이분들이 바로 북두칠성이 가진
지구에서 일부 알려진 우주적 신분이며
모두 창조주들의 분신이며
네바돈 우주의 각 차원의 최고 관리자들을
북두칠성이라 합니다.
이들을 모두 합쳐 창조주 패밀리 그룹이라고 합니다.

삼성각(통도사)

북두칠성의 흔적은 사찰의
삼성각이나 칠성각에 남아 있으며
칠성의 모습은 불교의 탱화에
잘 그려져 있으며 이들은 모두
창조주의 분신이자 창조주의 자녀들이자
창조주 스스로 에너지를 다운하여
네바돈 우주를 통치하였다는 것을 의미하는 것입니다.
이것이 북두칠성에 담긴 우주의 비밀입니다.

칠성의 모습(탱화)

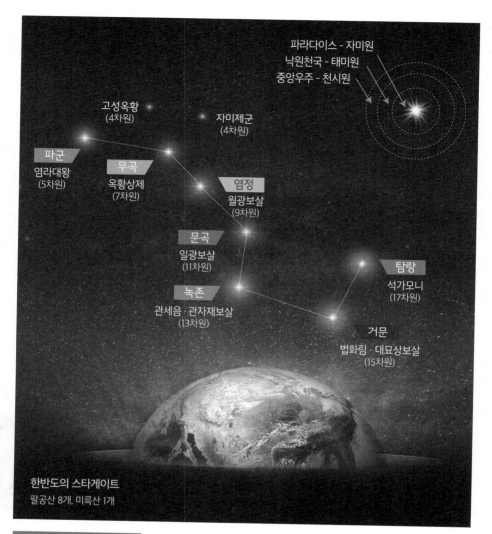

파라다이스 - 자미원
낙원천국 - 태미원
중앙우주 - 천시원

고성옥황
(4차원)

자미제군
(4차원)

파군
염라대왕
(5차원)

무곡
옥황상제
(7차원)

염정
월광보살
(9차원)

문곡
일광보살
(11차원)

탐랑
석가모니
(17차원)

녹존
관세음 · 관자재보살
(13차원)

거문
법화림 · 대묘상보살
(15차원)

한반도의 스타게이트
팔공산 8개, 미륵산 1개

북극성·북두칠성·팔공산

- 북극성은 우주의 중심이며 북극성을 중심으로 세 개의 원을 그리며 성단이 존재합니다.
  자미원은 창조주가 계시는 18차원 파라다이스 우주이고, 태미원은 17차원 낙원천국으로 단지파들의
  고향이며, 천시원은 16차원 하바나 우주입니다.

- 북두칠성은 파라다이스(북극성)에서 출발하여 네바돈 우주로 들어오는 스타게이트(빛의 통로)입니다.
  빨주노초파남보 7개의 항성이며 이들은 창조주께서 직접 분화한 자녀들(창조주 패밀리 그룹)로
  네바돈 우주를 운영하는 최고 관리자 그룹입니다. 여기에 2개의 스타게이트가 추가로 개통되어
  이들을 북두9진이라고 합니다.

- 팔공산은 창조주의 에너지가 한반도로 들어오는 스타게이트입니다. 대구 지역 팔공산에는 눈에 보이지
  않는 8개의 거대한 피라미드가 있으며, 통영의 미륵산에도 1개의 스타게이트가 추가로 개통되었습니다.

팔공산의 비밀

네바돈 우주가 창조될 때
창조되었으며
그 북극성은
창조주가 계시는 파라다이스를 상징합니다.
지구는
네바돈 우주 사타니아(플레이아데스 항성계)
606번 행성입니다.

네바돈 우주는
대우주의 창조주에 의해
북극성 주변에 있는 북두칠성을 중심으로
은하의 스타게이트가 설치되었으며
일곱 개의 항성들을 통하여
창조주의 7가지 빛(빨 주 노 초 파 남 보)이
펼쳐졌으며 네바돈 우주의 행성과 항성들이
창조되었습니다.

파라다이스를 떠난 창조주의 빛은
북두칠성의 7개의 별을 통하여
네바돈 우주를 창조하였습니다.
북두칠성의 별들을 주관하는 의식을
불교에서는 칠성불 또는 칠성여래라 하였습니다.

지구의 동쪽 끝 한반도에도
창조주의 숨결이 도착하였으며
북두칠성을 통해 들어온
빛의 통로를 통해
한반도를 중심으로 한
고대의 정신문명이 펼쳐졌으며
세계를 돌고 돌아
지금의 문명을 이루게 되었습니다.
우리 민족은 장례를 치를 때
무덤에 칠성판*을 놓았으며
온 곳으로 돌아간다는 표현을 사용하였습니다.
온 곳도 북두칠성이요
돌아갈 곳도 북두칠성이라는 것을
잊지 않고 기억하였고
그에 대한 문화적 풍습이 칠성판으로
아직도 남아 있습니다.

한반도에 창조주의 에너지가 들어오기 위해서는
스타게이트가 필요합니다.
스타게이트를 빛의 통로라고도 합니다.
한반도와 한민족들의 빛의 통로는
팔공산이었으며
보이지 않는 빛을 보는 사람들은
팔공산에 설치되어 있는
눈에는 보이지 않지만 무형으로 존재하는
8개의 거대한 피라미드를 볼 수 있을 것입니다.

칠성판
관 속 바닥에 까는 얇은 널
조각.
북두칠성을 본떠서 일곱 개
의 구멍을 뚫어 놓음

250만 년 전 네바돈 은하는
북두칠성을 중심으로
빛의 통로를 통해 창조되었으며
예수님의 탄생과 죽음을 거치는 시기*에
북두칠성에 하나가 추가된
북두8진이 되었으며
지금부터 300년 전 하나가 더 추가되어
북두9진이 되었습니다.

예수님의 탄생과
죽음을 거치는 시기
P. 21 본문 내용 참조

네바돈 우주는 250만 년 간 진화하는 동안
북두칠성을 중심으로 하여
창조주의 빛을 받아들였으며
2개의 빛의 통로가 추가로 개설되면서
다양한 빛의 통로가 확보되었습니다.
이로 인하여 다양한 우주가 펼쳐질 수 있었으며
네바돈 우주가 그만큼 진화할 수 있었습니다.

북두9진을 통하여 전달되는 창조주의 빛은
모든 생명과 모든 행성들과 항성들에게
꼭 필요한 것이며
창조주의 빛이 들어오는 통로가 막히거나 폐쇄되면
모든 생명체들과 의식이 있는 존재들은
진화가 멈추게 되며 존재할 수가 없는 것입니다.

이것을 천기라고도 하며
창조주의 숨결 또는
창조주의 사랑이라고도 합니다.

팔공산은 북두칠성을 통하여 들어오는
창조주의 빛을 한반도에 받아들이는
빛의 통로였으며
영혼들의 운반 통로였으며
천기를 받아들이는 보이지 않는
에너지 센터 역할을 수행하였습니다.

예수님의 십자가 사건 이전에는
팔공산에 7개의 빛의 통로만이
개통되었으며
십자가 사건 이후에 하나가 추가되어
지금의 팔공산이 된 것입니다.

대구 지역에 지금도 남아 있는
칠성동이나 칠성시장 등은
2천 년 전 이러한 우주적 이치를
아는 누군가에 의해 전해진 것입니다.

팔공산을 통해
만물을 성장시키는 생명의 에너지
사랑의 에너지가 들어왔으며
3백 년 전에
통영에 있는 미륵산에 또 하나의
에너지 센터(빛의 통로=스타게이트)가
개통되었습니다.

북두칠성에서 시작한 빛의 통로는

북두9진이 되었으며
9개의 스타게이트를 통하여
우리는 지금도 창조주의 사랑을
받고 있는 것입니다.

남한에 있는 9개의 빛의 통로는
전국으로 펼쳐졌으며
북한 지역 함경남도에 빛을 중개하는 역할을 하는
중개소가 설치되어 있어서 한반도 전역에
하늘의 기운들이 흐르고 있습니다.
이것을 위해 많은 용분들이 봉사하고 있으며
보이지는 않지만 에너지체로서
봉사하고 계시는 분들이 많이 존재하고 계십니다.

시절 인연이 되어
이 글을 기록으로 남깁니다.

5부

아마겟돈의 시대

지구 행성의 마지막 때를 위해 하늘이 준비한
빛과 어둠의 영적 전쟁인 아마겟돈이 펼쳐질 것입니다.
이 모든 것이 인류의 영적 진화를 위해 준비한
하늘이 설치한 매트릭스라는 것을
인류가 이해하고 깨어날 때까지
하늘의 계획은 멈추지 않을 것입니다.

하늘이 준비한 영적 전쟁

내 이웃에 부처가 살고 있으며
내 이웃에 보살들이 살고 있으며
내 이웃에 예수님이 살고 있으며
내 이웃에 신들이 살고 있습니다.

자신이 누구인지도 모르는 채
자신이 무엇을 하고 있는지도 모르는 채
내면의 흐름대로
우연을 가장한 필연처럼
자유의지처럼 보이지만 잘 짜여진
계획대로
프로그램*대로
누구나 다 고유한 삶을 살고 있습니다.

변화의 흐름들이 시작되었습니다.
변화를 알리는 재난과 함께
선지자들이 깨어나 활동을 시작할 것입니다.
혼돈과 혼란의 시대가 함께 올 것이며
한 치 앞도 보이지 않는 시기가 올 것이며
이 시기에 맞추어 준비된 선지자들이 깨어나
자신들의 역할을 시작할 것입니다.

성경에는

프로그램
영혼이 진화과정 상 물질세계의 체험을 하기 위해 이번 생을 어떻게 살아갈지 보이지 않는 세계에서 자신의 상위자아와 천상정부가 조율하여 결정한 인생계획.
우주의 프로그램과 행성의 프로그램이 먼저 있고 그 안에 개인의 인생 프로그램이 있음

'마지막 날에는
내가 나의 영으로
모든 백성에게 부어 주리라.
자녀들은 예언할 것이요
청년들은 환상을 보고
아비들은 꿈을 꾸리라'고 기록되어 있습니다.

장미가 한창이고
산천의 초목이 푸른 옷들을 입고 나면
평범하게 살고 있던
아줌마 아저씨들과 어린아이들이
예언을 하게 될 것이며
미래를 보게 될 것이며
아는 소리를 하게 될 것이며
자신도 알지 못하고
무슨 뜻인지도 모르면서
서슴없이 거침없이
세상을 향해 준비하라고
그때가 왔다고
외치고 외칠 것입니다.

많은 이들이
보이지 않는 세계의 빛을 보게 될 것이며
하늘의 소리를
내면의 소리를
어둠의 소리들을 듣게 될 것입니다.
꿈속에서 많은 형상들을 보게 될 것이며

꿈속에서 많은 소리들을 듣게 될 것이며
보이지 않는 세계의 비밀들이
한 조각 한 조각씩 나누어서 펼쳐질 것입니다.

나잘난 여사님들과 나잘난 도사님들이
한 조각 진실로
많은 사람들을 미혹하게 될 것이며
자신을 세상에서 가장 낮은 곳으로
몸을 두지 않고
물질을 추구하는 자들과
권력을 추구하는 선지자들의 추락이 있을 것입니다.

이러한 혼돈과 혼란을
성경에서는 **아마겟돈***이라 하였으며
불경에서는 **말법의 시대***라 하였습니다.
모두가 스승이 되어
아는 소리들을 할 것이며
한 집 건너 한 집씩 흰 깃발들이 걸릴 것입니다.

하늘과 땅의 공동 작전이 시작될 것이며
문명의 역사 뒤에서 잠자고 있는
진실들이 드러날 것이며
진실과 거짓들이 드러나 충돌할 것이며
무엇이 진실이고 무엇이 거짓인지
아무도 알 수 없는
극심한 혼란을 맞이할 것입니다.

아마겟돈

빛과 어둠의 영적 전쟁. 기독교 성경에서는 하느님과 사탄의 마지막 전쟁의 장소를 지칭하는 말로 사용됨

말법시대

사회 일반적 의미는 윤리 도덕이 타락한 시대, 인간이 올바른 가치관을 상실한 시대. 불교에서는 중생들의 근기(根機)가 떨어져서 수행하는 이는 적고, 불법(佛法)은 더욱 미미하고 쇠퇴해져서 사람들이 도를 닦기보다는 교만과 시비에 휩쓸리는 시기를 의미함

빛이 제자리를 찾기 위해
빛이 빛으로 빛나게 하기 위해
준비되고 계획된 수순이며
우주의 순리이자
하늘이 일하는 방식입니다.
빛은 빛의 고유한 역할이 있을 것이며
거짓은 거짓대로 그 역할이 있을 것이며
흔들리는 마음들을 더욱더 흔들 것이며
의식의 눈을 뜨지 못한 인자들은
보고 싶은 대로 보게 될 것이며
듣고 싶은 대로 듣게 될 것입니다.

그리 길지 않은 시간에
참 많은 일들을 겪을 것이고
서로가 서로의 안부를 묻듯
서로의 인연법대로 모여들고 흩어질 것입니다.

극심한 혼돈과 혼란을 겪으면서
길은
하나로
하나로 모여질 것입니다.

시간이 지나면서
길은
하나로
하나로 이어지게 될 것입니다.

일어날 일들은 일어날 것이며
겪어야 할 일들은 겪게 될 것이며
한 번도 경험하지 못한 대재난 속에 인류들은
아픔 속에서
고통 속에서
절망 속에서

길은
하나로
하나로 만나게 될 것입니다.

귀 있는 자를 위해
눈을 뜬 인자들을 위해
우데카 팀장이
이 글을 기록으로 남깁니다.

영적 전쟁의 시작

아마겟돈은 영적인 전쟁을 의미합니다.
영적인 전쟁이라 함은
인류가 믿고 있는 종교적인 믿음과 신념
인류가 옳다고 믿고 있는 과학적 합리주의
보이는 것이 전부라고 알고 있으며
당연하다고
상식이라고 알고 있던
보편적이라고 생각하던 모든 것들이
급격한 자연재해와 대공황을 겪으면서
인류가 한 번도 경험해보지 못한 것들을
경험하게 될 것입니다.

전쟁은
인류의 내면에서
인류의 의식수준에서
인류의 신념과 믿음 속에서 시작될 것입니다.

전쟁의 주체는 하늘입니다.
문명을 종결하기 전
오염된 신들을 바로잡고
우주적 진리를
하늘이 일하는 방식에 의해 펼칠 것입니다.

하늘은 작정하고
보이지 않는 세계를
보이는 세계
들리는 세계로 펼쳐 보일 것입니다.

귀신 선생님들을 총동원할 것이며
천사님들을 총동원할 것이며
어둠의 천사님들을 총동원할 것이며
요정님들과 용님들을 동원할 것이며
때로는 법신장*들의 모습으로
때로는 부처님의 모습으로
때로는 예수님의 모습으로
인류에게 홀로그램* 또는 환시나 환청으로
나타나게 될 것입니다.

법신장(法神將)
부처님과 불법(佛法)의 수호신

홀로그램(hologram)
영안이 열린 사람들이 보는 영상.
가브리엘 영상팀에서 홀로그래머의 의식 수준에 맞게 제작하여 보여주는 것

하늘은 상상할 수 있는
모든 방법들을 동원하여
인류의 아집과 편견을 깨뜨릴 것입니다.
인류가 알고 있는 오염된 지식들을 바로잡고
인류에게 그동안 감추어진 우주의 진실과 진리들을
기상천외한 방법들을 동원하여 전달할 것입니다.
새 하늘과 새 땅을 열기 위해
인류의 의식의 각성을 위해
하늘은 최선을 다할 것입니다.

예배나 기도를 하는 교인들이
부처님을 보게 될 것이며

불교 의식에 참여하는 불자들이
예수님을 만나게 될 것입니다.

신비체험을 통해
우주적 진실을 알게 되고 보게 될 것이며
보이지 않는 세계의 진실들이
그 사람의 눈높이에 맞추어
반복적으로 같은 형상과 같은 단어들을
보게 되고 듣게 될 것입니다.

신도들이 신비체험을 통해
예수님을 만나 진실들을 듣게 될 것이고
보이지 않는 세계를 보게 되면서
아는 소리를 하게 될 것입니다.
누가 목사인지 누가 신자인지
구분이 되지 않을 것이며
영적으로 각성된 신도들 앞에
설교하기를 꺼리는 목자들이 있을 것입니다.

이와 같은 혼란들이
세계 곳곳에서 모든 종교들에서
보이지 않는 세계를 듣고 보는 사람들과
보이는 세계만이 전부로 알고 있는 사람들 사이에서
영적인 전쟁이 있을 것입니다.

모든 종교들을 붕괴시키기 위해
평소에 대중들의 신뢰를 받고 있고

믿음을 주는 인자들에게
주의 영을 부어 줌으로써
내부자들을 통해
다양한 빛의 일꾼들이
영적인 전쟁을 위해 준비되고 있습니다.

보이지 않는 세계를 보고 듣는 인자들은
모든 것들을 붕괴시킬 것이며
어린아이들은 부모들을 가르칠 것이며
아무것도 모르던 평범한
옆집 아줌마와 옆집 아저씨들이
어느 날 갑자기
기존 종교인들과 대립하게 될 것이고
기존 질서들을 빠르게 붕괴시킬 것입니다.

거짓 선지자들이 여기저기서 출현할 것이며
빛의 일꾼들과 사명자들은
아무것도 모르는 채
큰 그림을 보지는 못하지만
자신의 목숨을 걸고
자신이 보고 들은 보이지 않는 세계의 진리를 위해
최선을 다할 것입니다.

마지막 날엔
10명 중에 3명은
예언을 하고
환상을 보고

꿈을 꾸게 될 것입니다.

하늘이 인류의 의식을 깨우기 위해 준비한
영적인 전쟁은 그동안 인류가 한 번도
경험해보지 못한 것들이며
멈추지 않고 지속되는 자연재해는
물질문명의 토대를 붕괴시킬 것이며
대공황이 있을 것이며
인류는 모든 것을 잃고
어디로 가야 할지
어떻게 해야 할지
무엇을 해야 하는지
아무것도 모르는 채
하늘과의 영적 전쟁에서 무참하게
패하게 될 것입니다.

저항하고
분노하고
자신이 알고 있는 것들을
여전히 내려놓지 못하고
의식을 깨우지 못한 인자들은
하늘과의 영적인 전쟁에서
깨닫기를 거부하고
자신의 에고의 부정성을 극복하지 못한
인자들은 하늘에 의해
육신의 옷을 벗게 될 것입니다.

아마겟돈은
하늘이 인류를 상대로 벌이는 영적인 전쟁입니다.
사고의 유연성을 회복하고
상대를 존중하고 인정하고
종교에서 사라진 창조주의 사랑을 느끼고
오염되고 가공된 종교적 진실들을 과감히 버리고
우주적 진리를 받아들이는 인자들만이
하늘이 주관하는 영적인 아마겟돈을 통한 전쟁에서
승리하게 될 것입니다.

우데카 팀장은
인류와 함께할 것이며
우주의 진리들을 타임라인에 맞추어
펼쳐 드릴 것입니다.

들을 수 있는 귀 있는 자들을 위해
볼 수 있는 눈 있는 자들을 위해
이 글을 기록으로 남깁니다.

말법시대의 도래

하늘은 인류에게 참 가까우면서도
참으로 멀리 있었습니다.
문명의 발달이 더딘 사회일수록
신과 하늘에 대한 믿음과 신념이 깊고
하늘에 대한 의존도도 높습니다.

문명이 발달하고
문화가 다양해지면서
인류들 속에 신과 하늘은 점점 더
희박해지거나 잊혀져 가고 있습니다.
생활의 편리함과 물질의 풍요로움은
신에 대한 그리고 하늘에 대한
감사함보다는 두려움으로 변하면서
신과 하늘은 점점 인류의 삶 속에
꼭 필요한 존재라기보다는
취미 생활 정도로 축소되었습니다.

신과 하늘에 대한 치열한 논쟁이
시작될 것입니다.
물질적 토대가 되는 자본주의는
대공황과 함께 붕괴될 것이며
세계 곳곳에서 벌어지고 있는
자연재해는 일정한 규칙과 패턴을 가지고

속전속결, 동시다발로 일어나
모든 것을 갈아엎을 것이기 때문입니다.

죽었던 신과 하늘을 인류는 다시 부활시켜
두려움을 해결하려 들 것입니다.
신과 하늘에 대한 치열한 영적 전쟁이
준비되어 있습니다.
오염되고
각색되고
조작된 신에 대한 진실들이
준비된 인자들에 의해
진실과 진리를 가리는
영적 전쟁의 서막이 시작되었습니다.
이것을 성경에선 아마겟돈
불교에선 말법의 시대라고 했으며
예언서에서 말하는 그때가 지금입니다.

자연재해와 함께 그동안 인류가 한 번도 경험하지 못한
보이지 않는 세계에 대한 무차별적인 공세가
하늘로부터 주어질 것입니다.

그동안 종교의 틀 속에서 있었던
신과 하늘에 대한 독점적 권력을 누려왔던
성직자들이 그 지위를 잃게 될 것입니다.
너도 나도 보이지 않는 세계를 보게 될 것이며
평소에 순종적이고 착하기만 한 신도들이
보이지 않는 세계를 접하면서

종교의 진실들이 전달되고
우주의 진실들이 전달되면서
종교적 교리와 문헌에 의존하고 있는
기존 성직자들 사이에서 대대적인
영적 전쟁이 있을 것입니다.

이 모든 것은 마지막 때를 위해 철저하게 준비되고
계획된 일들이 일어나는 것이며
문명의 종결을 위한 진리를 드러내기 위해
진실을 인류에게 드러내기 위해
하늘의 완전한 통제 속에
무질서한 것처럼 보이지만
무질서 속에 질서 있게
일어날 일들이 일어나게 될 것입니다.

모든 종교들이
새롭게 드러난 진리 앞에
스스로의 내분과 함께
급변하는 생존 환경과 함께
새로운 영적 각성과 함께
모두 무너져 내릴 것입니다.

이것을 말법의 시대라고 했으며
누구의 말이 진실인지
누구의 말을 믿을 것인지
누구의 말이 거짓인지
누구의 말이 옳은지

구분할 사람도
알려줄 사람도 사라질 것입니다.

사람마다
만나는 사람마다
서로 다른 이야기를 할 것이고
아무것도 모르는 채
자신이 들은 대로
자신이 본 대로
자신이 듣고 싶은 대로만 듣고
자신이 보고 싶은 것만 보는 사람들로
거리가 넘쳐날 것입니다.

극심한 혼돈과 혼란을 거치면서
수많은 죽음들을 목격하면서
거칠어지고
황폐해져 있는
삶의 환경들을 보면서
귀 있는 자들과
눈 있는 자들부터
의식이 깨어날 것이며
하늘은 이들과 함께 역장 안에서
새로운 하늘과 새땅을 열게 될 것입니다.

아프고 아픈 세월이 시작될 것입니다.
하늘을 원망하고
하늘을 저주하고

신에게 분노를 표출하고
신을 부정하는 사람들이 많을 것입니다.
아픈 세월이 오고 있습니다.
아무것도 모르는 채
자신이 알고 있는 것이 전부로 알고 있는
잠들어 있는 인류에게
깨어나라고 !!
눈채채라고 !!
알아차리라고 !!
우데카 팀장이 간절히 전합니다.

그때가 이제 곧 시작될 거라고
잘 이겨내시라고
기록을 위해 이 글을 남깁니다.

내면의 영적 전쟁 :
영의식과 혼의식의 충돌

지구 행성에 살고 있는 모든 영혼들은
영혼의 영적 진화를 위해 물질 체험을 하고 있는
우주의 귀한 존재들입니다.

영은 자신이 입는 옷에 따라
돼지도 될 수도 있으며
새와 어류도 될 수 있으며
다양한 식물과 동물의 육신으로도 살 수 있습니다.

영은 육신의 죽음으로 소멸되거나 상처입지 않으며
어떠한 불이익도 존재하지 않으며
옷을 갈아입을 뿐 우주에서 영원불멸한 존재입니다.

사고조절자

영이 분화되어 나올 때 창조
주로부터 부여받는 각자의
고유한 진화의 여정이 담긴
소프트웨어.
의식을 가진 존재들이 각자
의 진화의 여정을 가면서 창
조 행위를 펼칠 수 있도록 하
는 창조주의 에너지이며 대
우주를 하나로 연결시키는
창조주의 의식

영은 창조주로부터 부여받은
사고조절자✢의 소프트웨어에 의해
영의 독립성과 영의 개체성이 존재하며
집단 영의식으로 고유한 진화의 과정을 통해
영적 진화를 하고 있는 존재입니다.

모나드(monad)

모든 존재의 기본이 되며 무
엇으로도 나눌 수 없는 비물
질적, 궁극적 실체

영은 창조주의 모나드✢이며
영은 창조주의 분신이며
영은 창조주에 의해 탄생되었습니다.

영이 물질여행을 하기 위해선
반드시 혼이라는 에너지의 옷을 입고
물질세계(11차원 이하)로 하강하여야 합니다.

혼은 영을 보호하기 위해 설치된 것이며
물질 매트릭스(빛, 중간, 어둠)의 핵심이며
혼에 의해 생성된 의식을 혼의식이라고 합니다.

혼의식은 영을 보호하는 가장 큰 봉인이며
개체성(나)의 시작이며
감정과 에고의 근본이며
두려움과 공포의 근본이며
모든 불합리하고 부조리한 것의 근본 원인입니다.

혼은 자신의 생존을 위해
혼은 자신의 욕망을 충족하기 위해
혼은 자신의 쾌락과 유희를 위해
혼은 나와 너를 분리하였으며
혼은 옳고 그름을 창조하였으며
혼은 아름다움과 추함을 창조하였으며
혼은 남자와 여자의 분별을 창조하였으며
혼은 빛의 역할과 어둠의 역할과 중간계의 역할로
탄생될 때부터 존재하였습니다.

인류의 모순은
바로 하늘에 의해 준비된 것이며
이 모순 속에서 빛을 찾아가고

진리를 찾아가는 게임이며
치열한 삶의 과정입니다.
인류가 펼친 모든 모순의 시작은
혼에 의해 창조된 혼의식입니다.

영적 전쟁이란
영의식과 혼의식의 대립을 의미합니다.
영적 전쟁의 시작은
인류의 역사가 시작될 때부터
그것의 펼쳐짐이 인류의 역사이며
인류의 역사는 인류와 하늘이 공동으로
창조한 역사가 되는 것입니다.

아마겟돈이 시작되는 마지막 주기에는
모든 대립이 극렬해질 것이며
수많은 아픔과 이별과 죽음과
생존을 향한 극한 상황들이
하늘에 의해 준비되었으며
이 모든 것이 영적 진화를 위해
하늘이 설치한 매트릭스라는 것을
인류가 이해할 때까지
창조주의 계획은
하늘의 계획은 멈추지 않을 것입니다.

하늘이 준비한 광자의 빛에 의해
개인의 감정선이 폭발하게 될 것이며
가장 두려운 것은 조절되지 않고 내 안에 존재하는

부정적인 에너지이며 나 자신이라는 것을
체험하게 될 것입니다.

혼의식의 대폭발들이
집단과 집단으로 이어질 것이며
민족과 민족으로 나타날 것이며
종교와 종교 간에도 나타날 것이며
인종과 인종 간에도 나타날 것이며
계층과 계층 간에도 나타날 것이며
남자와 여자 사이에도 나타날 것입니다.

인류의 모순은
호모 사피엔스가 가지고 있는 한계이며
영의식과 혼의식의 대립이며
아름다운 지구 속에 감춰진
물질 매트릭스의 치명적인 유혹이며
눈에 보이는 것이 전부로 알고 있는
호모 사피엔스에게 부여된
메타 의식구현 시스템의 정보의 통제이며
하늘의 완전한 관리이자 통제라는 것을
알아채고 눈치채시기 바랍니다.

모든 것은 꿈이며 환상이며 게임입니다.
모두가 매트릭스의 작용이며
그렇게 설계되고
그렇게 프로그램되고
그렇게 관리되고 있는 세계 속에

인류의 삶이 있었으며
인류의 자유의지와 창조가 있었으며
인류의 욕망이 있습니다.

매트릭스의 해체와 철거는
문명의 종결을 의미합니다.
하늘의 일꾼들에 의해
빛의 일꾼들에 의해
하늘 스스로 설치한 매트릭스를
하늘 스스로 해체하고 철거할 것입니다.

하늘이 설치한 매트릭스에서
매트릭스가 해체될 때
스스로 깨어나는 네오가 되십시오.
우데카 팀장은
매트릭스 구조를
매트릭스의 작동 원리를
인류에게 설명하고 있는 것입니다.
매트릭스의 해체와 철거를 위해
빛의 일꾼들과 함께 그 역할과 임무를 다할 것입니다.

여러분들의 건승을 빕니다.

상념체와 카르마 에너지

인류가 믿고 있는 신념들 중에
인류를 두려움 속에 가두어 놓은 것들 중에
가장 강력한 매트릭스는
착한 사람은 천당에 가고
악한 사람은 지옥에 가고
누굴 믿으면 천당에 가고
누굴 믿지 않으면 지옥에 간다고 믿고 있는
천당과 지옥 매트릭스입니다.

종교에서 말하는
죽어서 가는 천당과 지옥은
우주 어디에도 존재하지 않습니다.
인류가 믿고 있는 천당과 지옥은 없습니다.
인간이 죽음을 맞이하는 과정에서
자신의 죽음을 정당하게 받아들이지 못하고
혼의식의 작용에 의해 상념체*라는 에너지 형태로
5차원 영계에 혼 에너지 일부가 남아서
4차원을 살고 있는 아바타에게 영향을 주게 됩니다.
5차원 영계에 남아 있는
혼의식이 상념체로 남아 있으면서
심각한 에너지 불균형을 초래하고 있는데
이것을 종교에서는
천당과 지옥이라고 인식하고 있을 뿐입니다.

상념체

인간이 죽음을 맞이하는 과정에서 삶에 대한 강렬한 미련으로 인해 자신의 죽음을 순리로 받아들이지 못하고 5차원 영계에 스스로 천당과 지옥을 만들어 묶여 있는 혼 에너지.
본인도 모르게 현재의 삶에까지 영향을 미침

정화되지 못하고 5차원 영계에
상념체로 존재하는 에너지는
인간의 감정체계의 분열을 초래하고
무의식과 잠재의식에서
부정적인 에너지의 공급원입니다.
인간을 과거에 살게 하고
내안에 누군가 있는 것처럼 느끼게 하고
폭발적인 분노를 가져오며
인지 장애를 겪게 하거나
논리적으로 설명되지 않는 멍때림이나 우울증이나
조울증의 증세로 나타나기도 합니다.

천당과 지옥은 죽어서 가는 것이 아니라
죽음을 맞이하는 과정에서
집착이나 원한이나 욕망 등으로
에너지의 균형을 잃고
자신의 죽음을 인정하지 못하는 에너지이며
상념체라고 합니다.
상념체들은 과거의 것이지만
살아있는 오늘의 나에게
혼의식이라는 에너지로 나의 감정이나
사고에 영향을 미치게 됩니다.

지구의 250만 년 동안 인류는
평균적으로 30번 정도 윤회를 통해
다양한 체험을 하게 되었습니다.
다양한 배역을 맡으면서

가해자 역할을 하기도 하며
피해자 역할을 하기도 하면서
수많은 상념체를 남기게 되었으며
그것이 오늘의 나에게 영향을 주게 됩니다.

인류는 과거의 불균형한 에너지가
오늘을 살고 있는 나에게 영향을 주고 있으며
상념체 에너지 속에서 자유로운 인류는
아무도 없습니다.
환생 프로그램이 짜여질 때
상념체들의 내용과 강도들이 반영됩니다.

삶은 에너지를 체험하고
삶은 에너지를 다루는 기술을
배우고 익히는 과정입니다.
모든 것은 에너지로 되어 있습니다.
인간의 감정 모두가 에너지이며
인간의 모든 생각이나 사고 역시
본질은 에너지입니다.
삶은 에너지의 다양한 형태와 층위들을
경험하며 배우고 성장하는 것입니다.

삶은 에너지이며
에너지는 빛이며
빛은 물질세계에선 빛과 중간과 어둠의
스펙트럼을 가지고 있습니다.
상념체도 에너지이며

혼의식도 에너지이며
영의식도 에너지이며
카르마 역시 에너지이며
사랑과 미움 역시 에너지이며
아름다움과 추함도 에너지이며
삼라만상 모두가 에너지로 되어 있습니다.

삶이란 에너지를 다루는 기술을 배우는
학교이며 체험 학습장입니다.
대우주 역시 에너지의 법칙 속에 순행하고 있습니다.

내 마음도 에너지의 작용이며
신도 에너지의 일부분에 지나지 않으며
귀신도 천사도 보이지 않는 에너지체로 존재하며
에너지의 법칙 속에서
자신들의 임무와 역할에
최선을 다하고 있을 뿐입니다.

우주는 사랑의 에너지로 가득 차 있으며
자비와 연민도 에너지이며
미움도 질투도 에너지의 작용일 뿐입니다.

삶이란
에너지의 불균형을 바로잡는 과정이며
카르마는 에너지의 균형을 찾는 과정이며
혼의식은 에너지를 정화하는 과정입니다.

삶이란
다양한 에너지를 체험하는 과정이며
에너지 숙련공을 훈련시키는 곳입니다.
에너지의 연금술사가 되십시오.
영적 전쟁에서 승리를 하시려면
모든 것이 에너지 게임이며
에너지의 균형 찾기라는 것을
알아채고 눈치채야 합니다.

한 행성의 물질문명이 종결되는 시점에
지구에 펼쳐진
우주의 카르마를 해소하고
행성의 카르마 에너지를 정화하고
개인들의 상념체와
카르마 에너지를 해소하기 위해
이곳 지구에 마지막 타임라인에 맞추어
당신은 우주에서 파견된
노련한 에너지 연금술사이며
행성의 차원상승을 위한 전문가 그룹입니다.
당신의 지구에서의 신분은
빛의 일꾼입니다.

여러분들의 건승을 빕니다.

하늘의 뜻이 땅에서 이루어지리라

새하늘과 새땅
새 우주를 열기 위해서는
물질 매트릭스가 붕괴되면서 오는
대혼란과 파괴와 영적인 혼란은 불가피합니다.

고도로 진화된 정신문명을 열기 위해서는
인류는 짙은 어둠을 체험해야 하며
서로가 서로에게
얼마나 소중한 존재인지 알기 위해서는
생존이 위협받는 극한 상황의 체험을 통해
전체의식*으로의 복귀가 필요합니다.
오염되고 타락한
하늘의 진리를 바로 세우기 위해서는
어둠의 매트릭스의 정점에 있는
물질문명의 붕괴가 불가피합니다.

전체의식
나와 너 그리고 모든 만물이 연결되어 있으며 창조근원으로부터 부여된 사고조절자에 의해 사랑의 의식을 함께 공유하고 있는 것

인류의 정신을 황폐화시키고
하늘을 인격화시키고
신이 화내고 신이 인간을 심판하고
신이 인간을 질투하고
신을 인간의 눈높이로 추락시키고
신에게 인격성을 부여함으로써 시작된
신에 대한 모든 담론들이 잘못된 것이라는 것을

인류가 체험하고
인류가 절망해야 하기에
영적인 전쟁인 아마겟돈을
하늘은 준비해 놓았으며
종교의 매트릭스가 붕괴될 때
인류는 대혼란과 대혼돈의 시기를
고통과 절망 속에서 통과해야 합니다.

자신이 믿고 싶은 것만 믿으려고 하고
자신이 듣고 싶은 것만 들으려고 하고
자신이 하고 싶은 말만 하려 하고
자신의 생각은 늘 옳고 합리적이며
옳고 그름의 경계가 분명하고
나와 타인의 경계가 분명하고
눈에 보이는 것만을
세상의 전부로 알고 있는 인류가
하늘의 진리
우주의 진리를
쉽게 받아들이지 않을 것입니다.

하늘은
250만 년 동안 숨겨져 왔던
우주의 진리들을 땅에서
하늘이 일하는 방식으로 펼쳐 보일 것입니다.

사람의 숫자만큼이나
다양한 신의 모습과 하늘의 모습을

원래의 모습으로 돌려놓기 위한
하늘의 조율이 시작될 것입니다.
인류는 하늘의 맨얼굴을 보게 될 것입니다.

이럴 수는 없어 !!
이럴 수는 없어 !!!

그럴 리가 없어 !!
그럴 리가 없어 !!!

그럴 수는 없어 !!
그럴 수는 없어를
외치고 외쳐 보지만
기도로써 매달려 보고
분노와 원망으로
절망과 슬픔 속에
증오의 아픔 속에서
인류는 각자의 내면에서
하늘과 마주하게 될 것입니다.

인류의 의식 각성을 위해
하늘의 뜻을 바로 세우기 위해
새하늘과 새땅과 새 우주를 열기 위해
한 치의 오차도 없이 일분일초의 빈틈도 없이
완전한 통제 속에서 질서 있게
하늘의 계획들이 땅에서 펼쳐질 것입니다.

감춰지고 숨겨져 왔던
진실들이 빛의 일꾼들을 통해
드러나게 될 것이며
모든 오염된 것들이 정화되고
물질 매트릭스에 찌든
인류의 인습과 관념들이
역장 생활을 통해 교정되고 정화될 것입니다.
대우주의 진리와 사랑이
역장의 설치와 운영을 통해
인류에게 소개되고 펼쳐지게 될 것입니다.

대우주의 주재자이신
창조주께서 주관하시는
지구 차원상승 프로그램은
한 치의 오차 없이
하늘이 준비한 대로
하늘이 원하는 대로
하늘의 방식으로
하늘의 뜻이 땅에서 이루어질 것입니다.

그렇게 될 것이며
그렇게 될 예정이며
그렇게 되었습니다.

6부
하늘에는 공짜가 없습니다

당신의 의식의 각성 없이

하늘에 진실만을 요구하지 마십시오

하늘은 당신에게 진실을 전달하기 위해 존재하지 않습니다.

당신이 진실의 무게를 감당할 수 있고

하늘의 뜻을 왜곡시키지 않을 정도로 의식이 깨어났을 때

하늘의 진실을 전하는 빛의 일꾼이 될 것입니다.

하늘의 맨얼굴 : 가브리엘 영상팀

꿈속에서 본 잊지 못할 장면들
귀신의 형상과 천사님들의 모습
용분들의 모습
수호신장들(미카엘 그룹❖ 소속 천사님들)
재난이나 재해의 영상들
눈에 보이지 않는 세계의 모든 형상들
채널링 메시지
이 모든 것을 관여하는 천상정부의 조직이 있는데
이곳의 명칭을 가브리엘 영상팀이라 부릅니다.

미카엘 그룹
용맹은 물론 지력까지 갖춘 최고의 전사 그룹.
인간의 생명과 안전을 수호하고 3차원 인간들의 두려움, 공포심, 부정성을 정화하는 역할

여시아문의 세계를 통제하는 곳이며
수행자들 사이에서
수행 도중에 또는 기도 중에 보고 듣는
모든 영상과 소리들을 관리하는 곳이며
무속인들에게 보여주는
다양한 귀신들의 영상을 제작하여
보여주는 것이
가브리엘 영상팀에서 하는 역할입니다.

모나노 시스템
P. 28 주석 참조

메타 의식구현 시스템
P. 121 주석 참조

인류가 겪을 영적 전쟁인
아마겟돈에 사용되는 모든 영상과 메시지들을
모나노 시스템❖과
메타 의식구현 시스템❖을 이용하여

여시아문의 세계를 관리하는
실무 담당팀이 가브리엘 영상팀입니다.
가브리엘 영상팀은
천상정부의 조직 중 하나이며
채널러나 홀로그래머*들의 의식 수준에 맞게
영상이나 메시지의 진실도를 맞추어 제작하고
보급하는 곳으로
보이지 않는 세계를 처음 접하는 인자들이
반드시 넘어야 하는 산이며
최일선에 서있는 천상정부의 조직입니다.

의식이 낮은 인자들일수록
가브리엘 영상팀을
신으로
하늘로
예수로
석가모니로
잘못 알고 있는 경우가 대부분입니다.

여러분들의 상위자아 역시
내면의 소리를 통해
자신의 아바타에게 메시지를 줄 수 있지만
영상이나 형상들은 반드시
가브리엘 영상팀에 의뢰를 하게 되며
메시지 하나 영상 하나까지도
완전한 통제 속에서 진행되고 있습니다.

홀로그래머
천상정부의 가브리엘 영상
팀이 보여주는 영상 메시지
를 볼 수 있는 사람.
영안(靈眼), 제3의 눈(third
eye), 관법(灌法)이 열린 사
람이라고도 함

에너지로 존재하는
보이지 않는 세계의 존재들은
자신의 모습을 인류에게
스스로 보여줄 수가 없기 때문에
가브리엘 영상팀에 의해서
인간의 뇌가 인식할 수 있는 수준으로
형상화하여 미리 제작되었다가
타임라인에 따라 보여주고 들려주는 것입니다.

보이지 않는 세계의 존재들을
보고 듣는다는 것은
모두 가브리엘 영상팀과의
업무 협조에 의해 이루어지는 것이며
단 하나의 장면도
단 하나의 메시지도
우연하게 일어나는 일은 없으며
전체의 프로그램 속에 일어날 일이
계획된 일이 일어나고 있는 것뿐입니다.

그동안 가브리엘 영상팀에서
보여주고 들려주는
보이지 않는 세계의 메시지들을
하늘의 소리로 신의 소리로
인류들은 오해했으며
오류가 없는
하늘의 소리라고 하늘의 진리라고
믿어 왔던 것이 인류의 의식 수준이었습니다.

앞으로 전개될
영적인 아마겟돈의 메시지들은 대부분
가브리엘 영상팀에서
빛의 일꾼이나 역할자들의 의식의 수준에서
눈높이에서 제작된 영상이며
메시지들이 될 것입니다.
사전에 녹화되고 녹음된 메시지들을
들려주고 보여주는 것에 지나지 않습니다.

가브리엘 영상팀은
극적인 리얼리티를 확보하기 위해
귀신 선생님이나
상위자아
가이드 천사님이나
에너지체로 존재하는 관리자 그룹들과
고차원 존재들과의 업무 협력 속에
보이지 않는 세계를
보이는 세계로
홀로그램을 제작하여 보급하고 있습니다.

여시아문의 세계는
분별력을 요구하는 홀로그램의 세계이며
지금의 인류의 의식 수준에서는
그 진실도가 50%를 넘을 수 없는
대부분의 메시지가 거짓이며
거짓 속에 진실이 들어 있으며
진실 속에 거짓이 들어 있다는 것을

명심하시기 바랍니다.

알 만큼 아는 사람들은
내가 하늘의 소리를 듣는다고
그것이 모두가 진실이 아님을 알고 있으며
내가 보고 있는 영상들이
모두가 진실이 아님을 알고 있습니다.
예수라고
창조주라고
석가모니라고
상위자아라고
빛의 채널이라고
어둠의 채널이라고
당신이 하늘에서 귀하고 귀한 누구라고
아무리 속삭일지라도
그냥 웃고 돌아설 줄 아는 사람이
지혜로운 사람이며 의식이 깨어난 사람입니다.

하늘의 맨얼굴을
대부분의 빛의 일꾼들과 협력자들과
보이지 않는 세계를 보고 듣는 인자들은
가브리엘 영상팀으로부터
혹독하게 경험하게 될 것입니다.
자신이 보고 듣는 여시아문의 세계를
아무 분별력 없이
신의 목소리로
신의 계시로

하늘의 소리로
하늘의 진리라고
분별없이 받아들이는 인자들은
비참하게
처참하게
망연자실
모든 것을 잃게 될 것이며
보이지 않는 세계의 냉정함과 허망함을
온 몸으로 경험하게 될 것입니다.

가브리엘 영상팀은 노련합니다.
아무것도 모르는 인류들은
속수무책 당하게 될 것입니다.
자신이 보고 들은 소리나 영상을
하늘의 계시라고
하늘의 소리라고
하늘의 진리라고
순진하게 외치고 믿고 있는
인자들의 슬픈 곡성이
온누리에 울려 퍼질 것입니다.

아마겟돈의 중심에
영적인 혼란과 혼돈의 중심에
거짓 선지자를 양성하는 중심지에
가브리엘 영상팀이 있을 것입니다.

하늘일에는 공짜가 없습니다.
혹독한 시련과 절망 속에서
인류의 의식은 깨어날 것이며
우데카 팀장과 가브리엘 영상팀은
허둥지둥
허겁지겁
하늘의 소리를 100% 진리라고 믿으며
자신이 우주에서 누구누구라고 할 때마다
그러한 인자들을 볼 때마다
그저 웃으며
무심하게 지켜볼 것입니다.

여러분들의 건승을 빕니다.

하늘의 시험에 대응하는 방법 :
가브리엘 영상팀의 실체

아마겟돈*의 최전선에
여시아문의 세계를 주관하는
가브리엘 영상팀이 있습니다.
많은 인류들이 보이지 않는 세계에 입문하면서
가브리엘 영상팀과 마주칠 것이며
하늘의 맨얼굴을 마주하게 될 것입니다.

자연재해로 대변되는
하늘의 맨얼굴은 공포와 두려움을 유발하며
생존에 대한 극한적 상황 속에서
육체적인 고통과 아픔을 느끼게 될 것입니다.
가브리엘 영상팀이 주관하는
아마겟돈은
인류가 신에 대해 가진 모든 오류들을 바로잡고
인류가 하늘에 대해 가지고 있는
잘못된 편견들과 믿음들을 송두리째
날려 버릴 것입니다.
빛과 어둠의 영적 전쟁을 주도하고
보이지 않는 세계를
보이는 세계로 들리는 세계로
화려한 유혹을 통한 여시아문의 대재앙을
준비하고 실행하고 있는 팀이
천상정부 소속 가브리엘 영상팀입니다.

아마겟돈
인류가 믿고 있는 종교적인
믿음과 신념, 왜곡된 신에 대
한 관념, 과학적 합리주의, 진
리와는 거리가 먼 보편적인
인류의 의식을 깨부수기 위
해 하늘이 인류를 상대로 벌
이는 영적인 전쟁

가브리엘 영상팀은
보이지 않는 세계에 대해
아무것도 모르는 인류들에게
수많은 혼란과 혼돈을 가져다줄 것이며
인류들에게 치명적인 유혹을 통해
인류를 혼돈 속으로 빠뜨릴 것입니다.
알곡과 쭉정이를 가리는 중요한 역할이
가브리엘 영상팀에 있습니다.

가브리엘 영상팀을 오랫동안 상대해 본
우데카 팀장이
그들의 노련한 수법을
인류의 시행착오를 줄이고자 하는
간절한 마음으로
다음과 같이 기록으로 남깁니다.

가브리엘 영상팀이 일하는 방식

채널의 진실도는
채널러의 의식 수준에서 결정이 되며
진실과는 아무 관계가 없으며
채널러가 원하는 답을 잘 알기에
원하는 답을 줍니다.

당신이 보이지 않는 세계를 눈으로 보고
보이지 않는 소리를 듣기 시작했다면
당신에게 가브리엘 영상팀이 방문한

분명한 목적이 있습니다.
접근한 이유와 목적을
당신이 알아채고 눈치챌 때까지
화려한 유혹과 달콤한 유혹들을 통한
하늘의 시험들이 있을 것입니다.

화려한 유혹이란
당신의 신뢰를 쌓기 위해
처음에는 진실도가 높은 내용을 알려주고
결과를 금방 알 수 있는 내용을 알려주면서
하늘의 소리라고
진실되고 진리라고 믿게 하기 위한
신뢰 구축 과정을 치밀하게 진행한 후
의심이 수그러지고
채널 내용에 의혹을 갖지 않게 되거나
방심한 때를 노려
그때부터는 본색을 드러내게 되며
밥 먹는 것보다 더 쉽게
거짓 내용을 알려 주면서
그 속에 약간의 진실을 담아서
채널러를 좀비로 만들어 버립니다.

채널의 내용을
하늘의 소리라고
예수님이 나에게 준 진리라고
창조주가 나에게 내리는 계시라고
맹목적으로 따르고

분별력 없이 받아들이게 되는 순간
그 채널러는 하늘의 좀비가 되어
가브리엘 영상팀의 좀비가 되어
어둠의 역할을 수행하게 되거나
너무나 많은 시행착오를 겪으면서
의식이 각성되는 동안
피눈물 나는 고통을 겪게 될 것입니다.

채널은 일단 의심하고
분별력을 통해 메시지를 살펴보시기 바랍니다.

달콤한 유혹이란
인간의 허영심을 부추기고
인간의 명예욕과 권력욕과 성욕 등을 이용해
그 사람이 가지고 있는
가장 치명적인 문제를 이용해서
무지를 이용해서
우주적 신분을 이용하여
수많은 가짜 창조주와
가짜 예수를 임명하고

사나트 쿠마라

채널링 메시지에 자주 등장하여 영성인들에게 인기 있는 인물 중 하나

수많은 사나트 쿠마라*와
수많은 석가모니와
수많은 이순신과 세종대왕 등
역사상 유명인들의 전생을 거론하며
당신이 그분이라며
최대한의 예의와 존중을 표하여
분별력이 없는 당신을 시험할 것입니다.

2천 년 전 광야에서
예수님이 시험당한 것처럼
당신은 진실을 듣기 전에
가브리엘 영상팀의
온갖 감언이설을 듣게 될 것이고
당신의 우주적 신분을 알려주며
'우리가 당신에게 그 역할을 맡기겠으니
세상을 구하실 분은
당신 뿐이십니다'를 반복할 것입니다.
세상을 구할 수많은 가짜들이
가브리엘 영상팀의 작전에 속아
탄생될 것입니다.

귀신의 신분으로
상위자아의 신분으로
가이드 천사＊의 신분으로
어둠의 천사의 신분으로 위장하여
현란하게 당신(채널러)에게 접근할 것이며
이 에너지체들의 특성을 구분할 수 없는
채널러의 무지를 이용하여
그 사람의 눈높이에서 분별력을 기르기 위한
일명 뻥카(거짓 채널)를 동원하여
그의 의식을 깨우거나
그가 가진 임무와 역할을 위해
보이지 않는 세계가 있다는 것을 알려 주기 위해
빛의 일꾼들을 강하게 훈련시킬 것입니다.

가이드 천사
빛의 매트릭스를 구성하는
천사님으로 각각의 영혼에
배속되어 에너지체로 함께
하며 아바타가 길을 잃지 않
도록 안내하며 도와주는 존
재

채널러가 상대하는
천상정부 소속 모든 천사님들과
가브리엘 영상팀 소속 천사님들의
공통점은 다음과 같습니다.
잠도 안 자고
밥도 안 먹고
휴가도 안 가고
감정도 없는
에너지체로 존재하면서
자신의 임무와 역할만을 위해 존재하는 분들로
인간이 상대하기는 벅찬 존재들입니다.

채널을 주는 쪽과
채널을 받는 사람 사이에는
우주 어디에서나 존재하는 법칙이 있습니다.
채널을 주는 쪽은
채널을 받는 채널러가 요구하는
다음의 사항에 진실을 이야기해야 하는
책임이 있으며 이것을 어길 시에는
모든 책임이 채널을 주는 하늘(천사님)에게
있다는 것을 명심하시기 바랍니다.
노련한 가브리엘 영상팀을 상대하기 위한
최소한의 장치입니다.
이것은 우주 법정에서도 유효합니다.

채널러는 반드시 다음과 같은 것을
반드시 확인하시기 바랍니다.

1. 채널을 주는 당신의 우주적 신분은 어떻게 되십니까?

천사님들은 자신의 고유 번호가 있습니다.
귀신, 사탄(어둠의 역할을 맡은 천사)
가이드 천사, 상위자아
그 밖에 우리가 알고 있거나 모르는
우주적 존재들도 반드시
이 질문에 답할 의무가 있으며
이것을 밝히지 못하는 채널은 어둠의 채널입니다.

2. 이 채널의 출처는 어디입니까?

빛, 중간계, 어둠의 진영이 있습니다.

3. 이 채널의 진실도는 몇 프로입니까?

모든 채널은 진실도가 있으며
100% 진실인 채널은 없으며
채널의 평균 진실도는
채널러의 의식의 각성과 비례하며
대부분 50% 미만의 진실도를 가지고 있습니다.

4. 당신이 이 채널을 나에게 주는 이유가 무엇입니까?

우주에는 공짜가 없습니다.
달콤한 유혹과 화려한 유혹을 이겨내시길 바랍니다.

5. 이 채널 내용에 대해서
   당신이 모든 책임을 질 수 있습니까?

이 내용이 우주 법정에서도 적용될 것입니다.

당신에게 진실을 말해줄 것을 요청합니다.
진실이 아니라면
채널을 주는 당신이 창조주라 할지라도
나는 이 채널을 거부할 것입니다.

다음과 같은 것들을 꼼꼼히 살피고 챙겨서
하늘로부터
가브리엘 영상팀으로부터
속수무책 당하지 마시고
당당하게 하늘의 시험을 통과하시기 바랍니다.

하늘은 노련하고 비정하며
3차원 표현으로 하자면
싸가지가 없으며
거짓말을 밥 먹듯 하며
거짓말하는 것에 어떠한 걸림도 없습니다.
오직 채널러의 의식 수준에 따라서
거짓이 줄어들게 된다는 것입니다.

당신이
하늘의 진실의 무게를 감당할 수 있으며
미래를 왜곡시키지 않을 만큼
진실한 사람이 되기 전에는
하늘은 당신을 훈련하기 위해
당신의 분별력을 키우기 위해
당신의 의식의 각성을 위해
하늘은 하늘이 일하는 방식대로

거짓말을 밥 먹듯 하면서
하늘의 전체 퍼즐의 완성을 위해
때로는 진실로
때로는 거짓으로
당신과 함께할 것입니다.

당신의 의식의 각성 없이
하늘에 진실만을 요구하지 마십시오.
하늘은 당신에게 진실을 전달하기 위해
존재하지 않습니다.

하늘은 시시각각 변하는 감정을 가진
인간의 맹세와 각오를 믿지 않습니다.
하늘은 오직
당신이 이곳 지구에 육화할 때
하늘과 당신의 영혼이 약속한
당신 인생의 프로그램대로
당신을 대하고 있을 뿐이며
당신이 설계하고 계획한
당신 인생의 프로그램 내에서
거짓 속에 진실을 담아
진실 속에 거짓을 담아 놓고
당신 영혼의 여행이 잘 이행될 수 있도록
도와주고 관리하는 역할이 있을 뿐입니다.

하늘의 진리를 당신에게
아무런 시험 없이

아무런 시련이나 고통 없이 줄 것이라는 대단한
착각에서 벗어나시기 바랍니다.

하늘의 진실과 진리는
오직 그 역할이 있는 빛의 일꾼들에게
하늘의 좁은문을 통과한 인자들에게만
전달될 것이며
그렇게 될 것입니다.

하늘의 좁은 문을 통과하려면
가브리엘 영상팀의 현란한 거짓말을
이겨 내셔야 하며
가브리엘 영상팀이 대행하는
하늘의 시험을 통과해야 할 것입니다.
하늘의 시험을 대행하는
악명 높은 팀이 있는데 그들이 바로
가브리엘 영상팀입니다.

여러분들의 건승을 빕니다.

식물, 동물과 대화가 되는 원리

수행자들과 종교인들 중에
자연과 더불어 살아가고 있는 사람들 중에
극소수의 영성인들 중에
식물이나 동물과의 대화가
가능하신 분들이 있습니다.

식물, 동물들과 의사소통이 되거나
감정의 교감 등이 일어나는 경우도 있으며
사람과 대화하듯 의사소통이
가능한 사람들을 주변에서 간혹 볼 수
있을 것입니다.

수행자들 사이에서는
만물형통의 능력이라 알려져 있으며
영성인들 사이에서는
채널링이라고 알려져 있습니다.
누군가가 꽃들과 대화를 나누고
나무와 대화를 나누고
심지어 원소 정령들(무생물인 의자나 축구공)과
소통을 하는 경우도 있습니다.

동물들과의 소통이 가능한 경우도 있는데
아마겟돈이 진행되면서

많은 사람들이 보이지 않는 세계에 대해
아무것도 모르는 채
식물들과 동물들 심지어 무생물과의
대화가 가능한 사람들이 급증하게 될 것입니다.

이런 능력이 갑자기 자기도 모르게 생겨나면
처음에는 두려움을 가지게 됩니다.
두려움과 호기심으로 접근하게 되는데
시간이 흐를수록
두려움은 점차 사라지고
호기심이 자만감과 교만으로 이어지는
경우가 대부분입니다.
남들이 가지지 못한 특수한 능력이
생긴 것에 대한 두려움은 잠시 드는 것일 뿐
시간이 흐를수록
남들보다 내가 우월하고
뭔가 특별한 존재로 인식하면서
자신도 모르게
자만과 교만의 모습이 나타나면서
채널링의 늪에 깊게 빠져 버리는
참혹한 결과를 가져오게 됩니다.

식물과 대화를 하든
동물과 대화를 하든
무생물(원소 정령)과 대화를 하든
바이러스나 세균과 대화를 하든
나와 대화를 하는 상대는

식물이 아니며 동물이 아니며
무생물(원소 정령)이 아닙니다.
내가 대화를 나누고
감정의 교감을 나누는 존재가
내 눈앞에 존재하는
식물, 동물, 무생물이 아니며
그 상대와 직접 소통할 수 있는 존재는
이 우주에 아무도 없습니다.

식물과 동물과 대화가 된다는 것은
식물의 전체의식
동물의 전체의식
원소 정령들의 전체의식 속에
내가 접속할 수 있는 권한을 부여 받은 것입니다.
이 접속 권한은
식물과 동물 그리고 원소 정령들의
전체의식 네트워크망을 주관하는
천상정부에 의해 부여되는 것입니다.

쉽게 표현하자면
겉으로는 내가 식물이나 동물과 대화를
하는 듯 보이지만
보이지 않는 세계에서의 작동 원리는
천상정부의 네트워크망 속에
채널러인 내가 접속이 되어
이미 천상정부의 전체의식이라는
네트워크망에 연결되어 있는

식물과 동물들과 네트워크망을 같이
공유하는 것입니다.

채널이 연결된다는 것은
보이지 않는 세계를 본다는 것은
모두가 다 이렇게 천상정부로부터
천상정부의 시스템에 접속 권한이 주어진 것이며
그것이 나의 상위자아라고 할지라도
예외 없이 천상정부의 의식 정보망에
접속되어 일어나는 것입니다.

하늘에서 주어지는
모든 메시지나 형상들은
천상정부의 엄격한 통제 속에서
이루어지는 것이며
이 천상정부를 관리 감독하는
관리자 그룹의 엄격한 정보의 보안과
통제 속에서 일어나고 있는 것입니다.

세상에 우연히 일어나는 일은 없습니다.
식물과 동물과 대화를 하든
귀신분들을 보거나 대화를 하든
가이드 천사와 대화를 하든
고차원의 존재와 소통이 되든
모든 것은 하늘의 완전한 통제 속에서
메시지 하나
형상 하나까지

모두 계획 하에 프로그램대로
하늘이 일하는 방식으로
진행되고 있는 것입니다.

아마겟돈은
바로 이렇게 준비가 될 것이며
거짓 선지자들과
온갖 거짓 창조주와 거짓 예수와 부처들도
이렇게 천상정부의 완전한 정보의 통제와
의도대로
프로그램대로
이루어질 것입니다.

내가 장미꽃과 대화를 한다고
진짜로 장미꽃과 대화를 하는 것이 아니며
내가 호랑이와 대화를 한다고
진짜 내 앞에 있는 호랑이와 대화를 하는 것이
아닙니다.
이와 같은 원리에 의해
채널은 시간과 공간을 초월해서 존재하며
채널을 주는 하늘의 의도대로
채널을 주는 하늘의 뜻대로
인류들은 속수무책으로 당할 수밖에 없으며
분별력이 없는 인류들은
자신이 본 대로 자신이 들은 대로
그것이 진실처럼 믿을 수밖에 없게 됩니다.

아마겟돈은
이렇게 하늘에 의해 준비될 것이며
내가 보이지 않는 세계에서
들려주고 보여주고
내면에서 들려오는 소리까지도
당신에게 보이지 않는 하늘이
의도를 가지고 계획적으로
잘 짜여진 프로그램에 의해
당신에게 보이지 않는 세계를 보여주고
들려주고 있는 것입니다.

당신이 특별해서
당신이 훌륭해서
당신이 수행과 기도의 성적이 뛰어나서
당신에게 그런 능력이 부여된 것이 아닙니다.
당신에게 그런 능력이 주어졌다면
그것은 당신의 역할이 있는 것이기에
접속 권한이 주어진 것이고
접속 권한이 주어질 때
채널 메시지의 진실도가 정해져 있으며
형상의 진실도 역시 정해져 있으며
기간 역시 정해져 있으며
나에게 주어진 역할과 임무가 끝날 때까지
나의 자유의지와는 무관하게
능력은 사라지지 않으며
내 역할과 임무가 끝나면
전기 스위치 내리는 것보다

더 쉽게 접속이 차단됩니다.

분별력 속에
자만과 교만을 내려놓고
살얼음판을 걷듯
조심조심
그렇게 가시기 바랍니다.

모든 책임은 당신에게 있지만
나중에 알게 될 것이지만
이 우주에서 잘못되는 것은
아무것도 없습니다.

여러분들의 건승을 빕니다.

타임라인과 정보 통제

지구 차원상승 프로그램은
하늘의 군사작전입니다.
우주의 최고의 정예 부대이며
창조주의 친위 부대인 아보날 그룹이
군사작전에 투입되어 있습니다.
작전의 난이도가 매우 높은 프로그램이
아무도 모르게
비밀 작전이 집행 중에 있습니다.

하늘은 3차원의 물질 매트릭스를
정교하게 유지하고 관리하고 있습니다.
아무도 모르게
아무도 모르게
하늘은
하늘의 일하는 방식에 의해
완전한 관리와 통제 속에
지구 차원상승 프로그램은
10단계 중 6번째 단계가 진행되고 있습니다.

빛의 일꾼들과
빛의 일꾼들을 돕는 역할이 있는
협력자 그룹들까지도
자신의 타임라인이 도래하지 않으면

아무것도 모르는 채
눈에 보이는 것이 전부로 알고 살아갈 뿐입니다.
군사작전처럼 하늘은 정보의 통제를
철저하게 진행하고 있습니다.
채널러를 통한 채널링의 메시지와
내면의 소리를 통한 메시지 등도
진실도를 적절하게 유지하면서
채널 내용에 대한 분별력 시험을 늘 하면서
완전한 정보 보안과 정보의 통제 속에
진행되고 있습니다.

채널링 메시지에는
분별력을 위한 시험들이 늘 존재하며
거짓 속에 진실들이 있으며
진실 속에 거짓들을 섞어 놓아
보이지 않는 세계에 대한 이해 없이는
속수무책으로 당할 수밖에 없습니다.

하늘의 소리를 들으면서
내면의 소리를 들으면서
"하늘은 거짓말을 할 리가 없어!
거짓말하는 것은 하늘이 아니라
귀신이나 사탄이나 마귀들이
거짓말을 하는 것이 틀림이 없어!!"
내면의 소리나 채널로 전해 오는
하늘의 소리를
믿을 수밖에 없는 한계를 인류는 가지고 있습니다.

하늘은
타임라인과 관계된 정보들일수록
대부분이 거짓 정보이며
밥 먹는 것보다
더 쉽게 거짓 채널 메시지를 줍니다.
하늘이 아무에게나
진실을 준다고 생각하시면
그것은 대단한 착각입니다.
채널러를 보호하고
채널 내용에 대한 맹목적인 믿음을 피하고
채널 내용에 대한 분별력을 통한
의식의 각성을 위해
타임라인과 관련된 채널은
분별력 속에서 받아들이고 읽으셔야 합니다.

이 글을 읽고 있는
당신이 하늘의 입장이라면 어떻게 하시겠습니까?
물질문명을 종결짓고
인류의 70% 이상이
육신의 옷을 벗고 지구를 떠나야 하는
지구 차원상승 프로그램을
9시 뉴스에 광고를 하듯
누구에게나 다 알려주고
진행할 수 있다고 생각하십니까?

진실의 무게를 감당할 수 있어야 하고
미래를 왜곡하지 않을 수 있는 인자들에게만

하늘에서 그 임무와 역할을 맡은
인자들이라 할지라도
의식의 각성도에 따라
타임라인에 따라
진실도가 다르게 주어질 뿐입니다.

하늘이 거짓말을 밥 먹듯 한다는 것은
경험해보지 못한 사람들은
이해할 수도 없으며
상상조차 할 수 없는 것입니다.

채널에는 진실도가 있으며
채널러의 의식수준이나
채널러의 감정상태 등에 따라 달라지며
의식이 낮은 사람일수록
채널 내용은
채널러가 원하는 대로
채널러가 바라는 대로 줍니다.

영적 전쟁이 시작되고
자연의 변화가 시작되고
거짓 선지자들이 활약하고
수많은 사람들이
하늘의 소리를 듣고
보이지 않는 세계를 보고
자신이 보고 듣는 소리들이
진실이라고

하늘의 복음이라고
하늘의 거짓 없는 소리라고
그렇게 믿으면서
대단한 착각 속에서
자신들의 역할과 임무를 다할 것입니다.
이것이 영적인 아마겟돈이
벌어질 수밖에 없는 이유입니다.

내면의 소리를 그대로 믿게 되고
자신이 꿈에서 본 것을 믿게 되고
자신이 듣고 본 채널을 진실이라 믿으면서
한 치의 양보 없이
한 치도 물러서는 일 없이
누구도 진실을 가려주지 못할 것이며
인류들은
자신이 듣고 싶은 것만 듣게 될 것이며
자신이 하고 싶은 말만 하게 되면서
서로가 사오정이 되면서
사오정이 사오정을 비난하고 비판하면서
영적 전쟁을 성공적으로
자신도 모르는 채
하늘이 계획한 대로 충실하게
임무와 역할을 수행하게 될 것입니다.

하늘은 준비된 인자가 아니라면
결코 진실만을 주지도 않을 것이며
결코 거짓만을 주지도 않을 것입니다.

분별력 속에
혼란과 혼돈 속에
아마겟돈은 진행될 것입니다.

인류의 의식이 깨어날수록
거짓 메시지는 줄어들 것입니다.
아마겟돈의 승리는
하늘에 인연이 있는
하늘의 좁은문을 통과한 사람에게
주어질 것입니다.

여러분들의 건승을 빕니다.

하늘이 준비한 선물

눈에 보이는 모든 것들은
눈에 보이지 않는 세계에서
결정이 되어 일어나는 것이며
허용이 되었기에 일어난 것입니다.
자신의 상위자아나
자신의 관리자 그룹이나
하늘에서 이미 내려진 결정들과
하늘의 계획들이 땅에서 펼쳐지는 것입니다.

자연재해와 함께
영적인 아마겟돈은 본격화될 것입니다.
하늘은 인류의 의식 각성을 위해
오염된 지식을 바로잡기 위해
하늘의 진리를 땅에 펼치기 위해
물질 매트릭스에 갇혀 있는
종교 매트릭스의 허구를 바로잡기 위해
이 프로젝트의 주관자이신 창조주께서
인류의 의식의 성장을 위해
한아름의 선물 보따리를 준비해두셨습니다.

선물 보따리의 내용들은
태양의 변화와 함께 가속될 것이며
하늘의 맨얼굴들을 인류가 보게 될 것입니다.

두려움과 공포를 넘어
망연자실을 넘어서는
한 번도 경험해보지 못한
두려움과 공포를
인류는 경험하게 될 것입니다.

두려움과 공포
외로움과 좌절에 빠진 인류에게
그럴듯해 보이는
거짓 선지자들을 준비하였으며
분노하고 원망이 가득한 인류에게는
거짓 창조주와 거짓 메시아*와
거짓 미륵들과 거짓 옥황상제들에게
흑마술*의 현란하고 화려한 권능을 주어
어둠의 일꾼들을 통해
믿음의 본질을 시험할 것입니다.

경제 공황으로 직장을 잃고
전 재산을 잃은 절망해 있는 인류에게는
어둠의 정부
세계 단일 정부를 통해
마지막 남은 피한방울까지 짜내는
인간이 인간을 착취하고 지배하고자 하는
막장 드라마를 위한 시나리오와 계획을
하늘은 노련하고 숙련된
하늘에서 준비한
어둠의 일꾼을 통해 실행할 것입니다.

메시아(messiah)
혼란에 빠진 세상을 구하는
구세주

흑마술
대중을 미혹하는 5차원 기
차크라의 권능.
주로 어둠의 역할을 하는 인
자들에게 주어짐

어둠의 정부를 전면에 등장시켜
아무것도 모르고
눈에 보이는 것이 전부로 알고 살아 왔으며
9시 뉴스가 세상의 진리로 살아온 인류에게
9시 뉴스에 나오지 않았던
진짜 나쁜 역할을 맡고 있으며
인류를 뒤에서 지배하고 조종해 온
어둠의 사람들이 등장하게 될 것이며
이들을 움직이는 존재들 역시
하늘이라는 것을
인류가 알 때까지 지속될 것입니다.

온전한 빛의 세상을 열기 위해
인류는 어둠의 본질을 체험해야 하며
물질에 대한 집착과
사랑이 부재하는 권력이나 욕망이
얼마나 허망한 것인지를 깨달을 때까지
인류는 한 번도 경험하지 못한
짙은 어둠을 체험하게 될 것입니다.

하늘에서 준비하고 계획한
어둠을 행하는 인자들 또한
아무것도 모른 채
어둠의 역할을 통해
빛의 소중함을 뼛속 깊이 깨닫기까지
하늘은 인류의 의식을 깨우기 위한
계획을 멈추지 않을 것입니다.

더 많은 기도를 하기 위해
성당이나 절이나 교회로 모여드는
종교적 신념이 강한 이들을 위해서
하늘이 준비한 최고의 선물이 있는데
수많은 거짓 선지자들 속에
하늘의 소리를 전하는
빛의 일꾼들을 마주하게 될 것입니다.
두려움과 외로움과
영적인 배고픔에 지쳐있는 이들에게
하늘은 달콤한 유혹을 펼치는
수많은 거짓 선지자들 속에
가뭄에 콩나듯 하늘의 참 소리를 전하는
빛의 일꾼들을 통해
알곡과 쭉정이를 선별할 것입니다.

하늘은 이 밖에도
인류의 눈높이에 맞추어
다양한 선물 보따리를 준비해 두었으며
하늘이 일하는 방식에 의해
하늘이 준비한 계획대로
인류의 의식을 깨우기 위해
토끼몰이를 하듯
양떼를 몰이 하듯
수많은 당근과 채찍을 통해
육신의 옷을 벗고
지구를 떠나 금성에서 삶을 살아갈 인자*들과
육신을 입은 채로

금성에서 살아갈 인자
상승하는 영혼 중 차원상승
대상이 아닌 흰빛, 은빛, 핑
크빛 영혼들.
이번 차원상승 시기에 육신
을 벗고 지구를 떠나 새로운
물질학교에 입학해야 하며,
새로운 물질학교로는 금성
이 준비되어 있음

6차원의 정신문명 속에 살아갈 인자들을
구분하고 선택하는 하늘의 계획들을
한 치의 오차도 없이 진행할 것입니다.

잠들어 있는 인류의 의식 성장을 위해
하늘이 준비한 선물들은
의식이 깨어나지 못해
고통받는 인자들에게는
너무도 처참하고 비참하여
말로 표현하기 어렵고
상상할 수도 없는 고통이 될 것입니다.

하늘의 선물은
하늘의 냉정함을
하늘의 비정함을
하늘의 사랑을
대우주의 진리와 사랑을
체험하고 경험하게 할 것입니다.

인류의 의식을 깨우고자
지구의 물질문명을 종결짓고
지구에서
새하늘과 새땅과
새 우주를 열기 위해 준비한
하늘의 선물 보따리가
고통과 비명이 될 것인지
축복과 사랑과 감사가 될 것인지는

인류의 의식이 깨어나는 시기와 때에 따라
결정될 것입니다.

하늘의 선물 보따리가
대우주의 축복과 사랑이 될 것인지
두려움과 공포와 이별의 아픔이 될 것인지
오직 대자연의 격변 속에 내던져진
인류의 의식 각성에 있다는 것을
잊지 마시기 바랍니다.

여러분들의 건승을 빕니다.

빛의 생명나무 역할과 임무

빛의 생명나무는
하늘과 소통을 통하여
하늘과 땅의 빛의 통로를 통하여
지구 물질문명의 종결과 지구의 차원상승과
역장의 설치와 운영을 준비하는 영성단체입니다.

보이지 않는 하늘을 보이는 하늘로
인류에게 전달하는 역할이 있으며
보이지 않는 하늘과 보이지 않는 대우주의 원리를
공부하는 세계에서 유일한 곳입니다.

재난을 준비하고 지구의 차원상승(개벽)을 준비하면서
하늘의 뜻이 땅에서 온전하게 펼쳐질 수 있도록
차크라를 열어 빛의 통로를 확보하며
의식의 각성을 위하여
우주적 지식들을
하늘과의 직접적인 소통을 통하여
하늘의 진리를 땅에서 전하고 펼치는 역할이 있습니다.

빛의 일꾼들의 의식을 깨우고
빛의 일꾼들의 우주적 신분을 찾아주고
빛의 일꾼들의 역할과 임무를 일깨우고
빛의 일꾼들의 중심센터 역할을 위해

보이지 않는 하늘의 실제 모습과
대우주가 순행하는 원리들을
하늘과의 소통 속에서
축적된 자료들을 통해
준비된 텍스트를 통해
우주학교 프로그램을 운영하고 있습니다.

한 번도 들어본 적이 없고
누구도 이야기하지 않는
경천동지할 새로운 텍스트를 가지고
우주의 지식들을 공부하는 곳입니다.

일반인들과 종교인들이 이해하고 받아들이기는
매우 생소하고 어려울 것입니다.
어렵고 척박한 환경 속에서
이렇게 평화롭고 아름다운 행성에서
물질문명의 종결을 이야기하고
지구의 차원상승을 준비한다는 것이 갖는
삶의 무게와
진실의 무게를 감당할 수 있는 인자들을 위한
깨어난 소수를 위한 빛의 일꾼들을 위한 곳입니다.

인류는 한 번도 경험하지 못한 자연재해와
사회적 변동을 겪게 될 예정입니다.
모든 비결서와 모든 예언서에서 말하고 있는
그때가 지금임을 미리 알고
재난을 준비하고 빛의 일꾼들의 의식을 깨우고

새하늘과 새땅과
새로운 7번째 대우주의 주기를 열기 위한
우주의 대장정을 이곳 지구에서
우데카 팀장은
하늘의 소리를 듣고 하늘의 뜻을 알고 있는
소수의 인자들과 함께 시작할 것입니다.

진리가 너희를 자유케 하리라.
인류에게 잃어버린 하늘을 돌려주고
종교에 갇혀있는 하늘을
그 옛날 그 하늘빛으로
조율을 이제 시작할 것입니다.

포장되고 오염되어 있는 하늘이
그리 쉽게 인류에게 되돌려질 거라 믿지 마십시오.
수많은 인류들이 자연재해를 통해
이유도 없이
원인도 모른 채 쓰러질 것입니다.

수많은 아픔과 고통과 이별을 겪은 후에야
하늘의 맨얼굴을 인류가 보고 난 뒤에야
자신이 알고 있던 하늘과
자신이 믿고 있던 하늘이
얼마나 잘못되고 얼마나 오염되었으며
얼마나 본질에서 훼손되었는지
인류들은 뼛속 깊이 체험을 한 후에야
새하늘과 새땅과 새 우주를 받아들이게 될 것입니다.

우주의 십자가를 지고
250만 년 동안 지구라는 감옥행성에서
숨을 죽이고 살아온 빛의 일꾼들에게
자신의 타임라인에 맞추어 소집을 알리는
황금나팔 소리를 듣는 인자들에게
빛의 생명나무는
사막의 오아시스가 될 것입니다.

하늘과 땅의 소통
하늘의 뜻을 땅에서 온전하게 이루는 것
그것이 십자가의 의미입니다.
자신의 삶의 십자가를 넘어
우주적 십자가를 지고 오신
빛의 일꾼들을 위해
하늘이
하늘이 일하는 방식에 의해
아무도 모르게 아무도 모르게
준비한 곳이 빛의 생명나무입니다.

그렇게 될 것이고
그렇게 예정되어 있으며
그렇게 되었습니다.

2016년 5월 청주에서
우데카

빛의 일꾼과 神들의 귀환

2016년 9월 13일 초판 1쇄 펴냄
2017년 3월 10일 초판 2쇄 펴냄
2023년 4월 10일 2판 1쇄 펴냄

지은이 | 우데카
펴낸이 | 가이아

펴낸곳 | 빛의 생명나무
등   록 | 2015년 8월 11일 제 2015-000028호
주   소 | 충북 청주시 청원구 직지대로 855 2층
전   화 | 043-223-7321
팩   스 | 043-223-7771

ISBN 979-11-956656-5-5 03200
• 잘못된 책은 바꾸어 드립니다.   • 책값은 뒤표지에 있습니다.